誰とでもスッとうちとけて話せる！
与谁都能轻松融洽地聊天！

闲聊的50个技巧

[日]野口 敏——著　王若石——译

机械工业出版社
CHINA MACHINE PRESS

Original Japanese title:

DARETODEMO SUTTO UCHITOKETE HANASERU! ZATSUDAN RULE 50

Copyright © Satoshi Noguchi 2016

Original Japanese edition published by Subarusya Corporation

Simplified Chinese translation rights arranged with Subarusya Corporation through The English Agency (Japan) Ltd. and Qiantaiyang Cultural Development (Beijing) Co., Ltd.

北京市版权局著作权合同登记号　图字：01-2020-4413 号。

图书在版编目（CIP）数据

与谁都能轻松融洽地聊天！：闲聊的 50 个技巧 /（日）野口　敏著；王若石译 . —北京：机械工业出版社，2021.11（2022.11 重印）

ISBN 978-7-111-69506-6

Ⅰ . ①与… Ⅱ . ①野…②王… Ⅲ . ①语言艺术 – 通俗读物 Ⅳ . ① H019-49

中国版本图书馆 CIP 数据核字（2021）第 222903 号

机械工业出版社（北京市百万庄大街 22 号　邮政编码 100037）
策划编辑：刘　岚　张潇杰　责任编辑：刘　岚　张潇杰
责任校对：邓晓妍　　　　　　封面设计：吕凤英
责任印制：张　博
北京汇林印务有限公司印刷
2022 年 11 月第 1 版第 2 次印刷
128mm×182mm ・ 6.125 印张・105 千字
标准书号：ISBN 978-7-111-69506-6
定价：59.80 元

电话服务　　　　　　　　　网络服务
客服电话：010-88361066　机　工　官　网：www.cmpbook.com
　　　　　010-88379833　机　工　官　博：weibo.com/cmp1952
　　　　　010-68326294　金　书　网：www.golden-book.com
封底无防伪标均为盗版　　　机工教育服务网：www.cmpedu.com

序

用这个简单的技巧，让你在闲聊中完胜

读过本书之后，你会对"闲聊"一词有新的认识。

"以时事为话题也会很快被终结""自我介绍引不起他人的兴趣""感觉直奔主题更轻松""很快就没了话题"……

将上述烦恼一扫而空，正是本书的威力所在。

闲聊是对话的入口。如果能掌握一些让对话顺利开始、聊得起劲、气氛热烈的技巧，就能比以往更享受结识新朋友的乐趣，工作和个人生活也一定会更加充实。

书中介绍了很多实用技巧，但请您放心，这都是一些很简单的技巧！

☺ 如何让闲聊顺利开始？

　　→ 在常用的话题中加上自己的体验（＝我的话题）！

☺ 如何与对方聊得起劲？

　　→ 询问对方的体验（＝对方的话题），与其产生共鸣！

☺ 如何让闲聊气氛更热烈？

  → 采用倾听和停顿的方法，话匣子一下就打开了。

怎么样？是不是感觉没那么难？

本书介绍的就是以这些简单的基本技巧为中心，提升闲聊能力的"说话方法"。

闲聊本来就不是一件很难的事情。即使找不到话题，也没有必要专门去学习。这里的方法就可以让现在的你与谁都能轻松融洽地闲聊。

☺ 轻易消除这些烦恼

针对与闲聊有关的烦恼，书中都给了解决办法。

"即使说时事话题，对方反应也很冷淡……"
  → 仅通过增加"我的话题"，就能摇身一变，
   变成聊得开心的话题！
"用天气作为话题，对方回答'是呀'就结束了……"
  → 如果说成"因为天气真好，所以我……"
   "因为下雨了，所以我……"，这样的话，
   对方的反应就完全不同了！
"对对方的话题不感兴趣……"
  → 引导对方聊"有趣话题"是有技巧的！

> "聊天总是聊不起来，不起劲儿……"
> → **"一味地倾听"** 是不行的，要用调动对方情绪的倾听方法！

　　这样说话就可以了。原本觉得又难又麻烦的闲聊，是不是感觉变得简单了呢？

　　虽说时事话题是闲聊的王道，但"不怎么起劲"也是事实。说到原因，是因为聊的这些是大家都知道的内容。

　　与此相比，以"你是一个什么样的人"作为话题会更有效果。

　　其实人们喜欢的是"人"本身。

　　其他人想知道的是你的日常。

　　如果你用**"感觉今年户外的花粉量比去年多一倍呀"** 作为开始，那随后——

　　"花粉期的时候，一开窗户，鼻涕、喷嚏就停不下来呢。"

　　"我在网上又买了100个去年用过的防花粉口罩，买回来都没地方放。"

　　就像这样互相传达平时的姿态，双方彼此了解一些以前不知道的事情，就能聊起来了，也会产生亲密感。

　　这一个技巧适用于任何人、

打开窗户花粉就……

阿嚏！

不行！
不能外出！

任何场合。

不论你是与客户交流频繁的销售人员，还是想在聚会上拓展人脉，或者是要改善与同事的人际关系，甚至是想改善亲子关系，或者想在约会中打开局面……这都应该是一件强有力的武器。

😄 只要抓住这 3 个要点，话题就可以无限延伸

如果你正在为不知道聊什么话题感到苦恼，那就试试看与对方聊聊你的日常，这样可以给对方一个真实的印象。

在我的课堂上，我一般会鼓励大家有意识地展现出"日常生活状态""自己的性格""人际关系"。

如果有起床困难症，就把这些说出来，闲聊就已经开始了。

赖床的时候想"再睡 5 分钟"，等准备的时候却后悔"为什么没早起 5 分钟"。

只要把这样的话说出来，就已经是话题了。

不善言辞的人会担心"这之后该怎么接着聊呢"，所以即使有很好的话题，最后还是藏在心里了。

聊天是一定要有对象的。只要你开口，对方就会接话。

总之请记住，开始交谈是提高闲聊水平的第一步。

说出自己的日常之后，请再试着添加一点自己性格方面的内容。

比如，出门上班时在门口换鞋，忽然想起忘带东西了，但是已经穿上鞋了，而且是像女士的靴子或者男士的皮鞋那类比较难脱的鞋。这时你会怎么做呢？

是只脱一只鞋跳着进去，还是两只都不脱用膝盖走进去，还是不在乎鞋脏，直接走进去。这就反映出你的性格了。

如果是熟人的话，突然这样说也没关系——开口就说"我其实是个懒蛋"，那么对方应该很高兴你把自己的体验告诉他。

如果接着说"要是我妈的话，肯定会把传单铺在地上跳着进去"，那么就把自己的人际关系带了出来。

这样一来，就向对方传达了你的方方面面，对方也会对你产生亲切感。当然，对方也会跟你说类似的话题，双方的亲近感就会加深，就会聊得更开心。

倒立着去取忘带的东西

像这样找几个有趣的小故事聊一聊，愉快的闲聊就已经开始了！

本书将会详细介绍这些闲聊的方法，请一定要看。

如果你能轻松地与任何人闲聊，那么你的活动范围就会变得宽广，邂逅的机会也会增加，就能获得崭新的人生。

那么，首先请翻开这本书，窥探愉快闲聊的世界吧。体会其中的各种闪念和发现，然后，请毫无畏惧地进入新的人际关系。

衷心祝愿有更多的相遇和感动等着你！

2016 年 2 月吉日

作者

目　录

序

开启闲聊的方法，推荐这个！
"时事话题" + "我的话题" ♪♪

二、
即使不了解的话题也能聊起来！
使用"共鸣原则"能瞬间做出反应

三、 瞬间带动对方情绪！
新想法——主动倾听

使回应倍增，甚至引发笑点！

四、激发 10 倍想象力的说话方式

五、 准备话题很简单!
谁都能被 100% 吸引的是"切身体验"

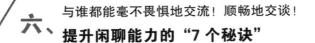

与谁都能毫不畏惧地交流！顺畅地交谈！

六、提升闲聊能力的"7 个秘诀"

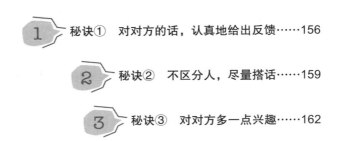

一、

开启闲聊的方法，
推荐这个！

"时事话题" +
"我的话题" ♪♪

与谁都能轻松融洽地聊天！闲聊的 50 个技巧

1

如何利用"时事话题"
开启愉快的对话

只要加上这样的话！

"昨天有超级月亮呢！"

"是的，下一次的超级月亮好像要到一年以后了。"

"明年的超级月亮貌似是离地球最近的呢。"

虽然闲聊多数是从时事话题开始的，但这之后很容易变得虎头蛇尾。虽然也有一些书中写了闲聊可以使用时事话题，**但大家应该都有过这样的体验，如果只讲时事话题，总觉得不够。**

即使是在橄榄球世锦赛举办期间，在街头巷尾以此为话题，也仅仅停留在讨论规则的程度。很容易发生的情况是，说一句"能阻挡那么大块头的人啊！"

之后，话题就结束了。

为什么只说时事话题，总是聊不下去呢？

这是因为，从这个话题里完全看不到你的身影，也看不到对方的。

在聊时事话题时，加入"自己的行为"，即"我的话题"

只有时事话题 | 时事话题 ＋ "我的话题"

"听说这周末，可以观看狮子座流星雨。听说东京的××地点是最佳观测地点。不管怎样……"

"听说这周末，可以观看狮子座流星雨。我二话不说就买了双筒望远镜！"

即使不断放出新消息，但如果不是对方想知道的或者新奇的信息，对方也不会感兴趣

因为说到了性格，对方会感到亲切

要点： 在话题中加入自己日常的行为方式、生活习惯等内容，就可以把时事话题变成有共鸣的话题！

我们感兴趣的是人本身。这就需要话题中充满细微的关系和各种情感。从而激发想象力，不断产生新话题。

"有超级月亮的那天晚上，我在阳台上叫我老婆来看，她却回答说明天再看吧。"

如果你是单身一个人生活，可以这样说。

"对了，向超级月亮许的愿能实现吗？我忍不住许了愿。"

就像这样，如果能在聊天中多加入"我的轻松话题"，那么你的闲聊会有质的飞跃。

谈谈自己的体验和感受，加入"我的话题"，能让人产生共鸣。

☺ 如果以"今年看起来是个暖冬呢"为话题开始，那么……

× "因为不冷所以很好过呢。"

→ 对方说"是的"，谈话就此结束。

○ "有时早起都不用开空调，也挣扎着起来了。"

○ "我那件最厚最难看的外套都用不上了。"

→ "嗯，其实我……"很可能话题就此扩展了。

☺ 如果以"今年夏天貌似台风很多呀"为话题开始，那么……

× "真是没办法呢。"

→ 对方说"是呢"，谈话就此结束。

○ "越来越不想去公司了。"

→ 引对方发笑，可能引出下一个话题。

☺ 如果以"羽生，又刷新纪录了呀"为话题开始，那么……

× "超过300分了，太厉害了。"

→ 对方说"真的是"，谈话就此结束。

○ "我是只看颜值不看技术。"

→ "哎呀，我也是！"有可能就取得了最强的共鸣感。

2

说完"今天天气真好"之后，这样说

🗣 在"是×××"（引出话题）之后要停顿

那么，如何从时事话题引到你的话题上来呢？

首先是入门篇。在讲时事话题之前，先介绍一下最容易被当成话题的天气主题。

虽然大家都认为"天气真好呀"是很好的话题，但听说还有很多人都认为"如果以此引不出什么话题，那还是不说为好"。

确实，如果只是说"据说在这个季节，这种天气持续一周以上，是十年罕见的"这种从新闻上听来的话，那这种聊天确实不会得到什么反馈。

既然如此，为什么还会选择天气作为闲聊的契机呢？

这是因为，天气的话题对每个人都是通用的。对方一定会用"是这样的"来给予肯定的回答。

"真是个好天气呀！""是呀。""据说傍晚可能会下雨。""是呀。"通过这样的对话，产生一定的聊天节奏。

关键点在于，在"是XXX"（引出话题）之后，在对方回答"是呀"之前，要停顿。

如何利用 "天气的话题"

打招呼说: "真是个好天气呀! "
对方说: "是呀! "

没完没了地说天气的话题　　　试着说一些关于自己的话题

"这周一直持续这种天气
呢! 下周也是晴天就好
了! 这样……"

"因为天气好, 所以我早起
去散了散步。"

因为只有天气的信息, 不会
加深印象, 对方说句
"是啊", 聊天结束

加深印象, 容易引起共鸣

要点: **只传递信息的聊天是无聊的, 充满生活感的话语显然更有趣!**

说话除了要传达内容，还要传达情绪。一旦与对方心意相连，就会产生聊天的气氛。

"今天真是个好天气，所以……于是……"要注意，不要一口气把话说完，聊天最忌讳不顾对方兀自说话。一定要和对方步调一致。

 尝试说一些关于自己的"轻松话题"

那么，问题来了。让我们马上进入"我的话题"的入门篇。技巧在于，"真是个好天气呀，那我……""看起来要下雨呀，那我……"，接着试着说一些简短的我"会怎么做""会怎么样"的话。这就是"我的话题"。

在"真是个好天气呀"之后，试着说一些这样的话，例如，**"今天是个好天气，所以我从家里的阳台上清楚地看见了富士山。"**

如果对方是个健谈的人，应该会回答"您家的位置真好"之类的话，从而开始了聊天。而且还有可能回答"从我家的阳台上只能看到工厂的烟囱"这样轻松的话语。

另外，请思考一下，在下面这段对话之后，应该加入怎样的"我的话题"呢？

"据说傍晚可能会下雨。"

"是呀。"

例如，可以试着说：**"我从车站骑车过来的，这下可麻烦了。""明明天气预报没说会下雨呀。"**

☺ 找到最合适的话题，慢慢拉近距离

"我的话题"与"只有时事话题"的区别在于，从"我的话题"里可以隐约传达出你的形象。

"住在一个从阳台上能看到富士山的地方呢。"

"从车站骑车来上班的呀。"

这些不是什么了不起的事，却能让对方一点一点记住你生活的样子。对方每知道一点关于你的事情，都会对你产生一点亲近感。

聊完天气之后，稍微聊一聊你自己。

☺ 如果以"真是个好天气呀"为话题开始，那么……

× "一直是这样的天气就太好了。"

→ 对方说"是呀"，谈话就此结束。

○ **"要是能晒晒被子就好了。上周一直下雨都没晒。"**

→ "我老公也是爱晒被子一族。"这样就有可能展开话题了。

○ **"在来上班的电车上，能看到富士山，真的是非常壮丽。"**

→ "真好！你在哪儿住？"这样就有可能展开话题了。

☺ 如果以**"据说傍晚可能会下雨"**为话题开始，那么……

× "这周一直是这样的天气呢。"

→ 对方说"是呀"，谈话就此结束。

○ **"每天随身带着折叠伞是正确的选择！我总是忘记把伞放哪儿了。"**

→ "我一般会在便利店买一把塑料伞。"这样就有可能展开话题了。

☺ 如果以"真担心周末的天气呀"为话题开始，那么……

×"真希望这周都是晴天。"

→对方说"是呀"，谈话就此结束。

○**"很久没去看足球比赛了，真希望是个晴天！"**

→"那你支持哪支球队呢？"这样就有可能展开话题了。

☺ 如果以"最近天气突然热起来了呢"为话题开始，那么……

×"看来今年是个酷暑呢。"

→对方说"是呀"，谈话就此结束。

○**"我喜欢夏天，真想快点去海边啊！"**

→"我得有十年没穿过泳装了。"这样就有可能展开话题了。

3

忙碌的早晨是
"我的话题"的宝库

😀 试试以"起床"为话题

下面为大家介绍如何寻找"我的轻松话题"。其实通过你每天都做的习以为常的事情就可以找到。

以上班出门前的早晨为例。你都做了什么呢？举一个例子来说，"起床"也是个很好的话题。即使是这样的事情都是可以作为话题。

"单是起床就花了 30 分钟。""每天早上都快死掉了。""每天猫来叫我起床。""每天一睁眼就能下床。""我一起来就能用全力去跑步。"……

看看，是不是很欢乐呢？如果这样的事情都可以作为话题，是不是谁都能有话题呢？

单单是早晨的话题，就可以有"洗脸""刮胡子""化妆""吃早餐""换衣服""照镜子""看电视""穿鞋"等不胜枚举。

试着用这些作为话题，就能开始很好的闲聊。

"早上好！今天也很冷呀！"

"真的是。"

"早上起床真难呀。"

"很不愿意呢。"

"结果我早晨准备得晚了。"

"是吗？"

"我都没时间补觉。"

"这样啊。"

"看到映在电车车窗上的自己，吓了一跳。"

"是吗？"

　　仅仅是早晨，可当成话题的事情应该就有很多。其他
的，比如以"上班路上"为话题，又会如何呢？

然后，"到达公司开始工作""午餐时间""快下班的时间""下班后""晚饭""洗澡""睡觉前""在床上"，按时间划分，一天当中应该有很多话题。这当中肯定会发生一些不值一提的小事儿。

试着把这些事儿跟别人说一说，闲聊就会变得很愉快。

☺ 别人想窥探你的日常生活

偶尔会有人问我："这么无聊的话题可以吗？"其实，闲聊的话题越是无聊越能使双方放松，这是再好不过的！如果跟对方聊"30岁、40岁的人应有的工作方式"这类有点难度的话题，对方会不知所措吧？

别人想了解的是你的日常生活。感兴趣的是你"每天怎么过的""是个什么样的人""人际关系如何"这类话题，不自觉地就想知道。

之后，要么产生共鸣——"原来跟我一样啊"，要么吃惊——"跟我不一样啊"。随后又对你产生了新的兴趣，你在对方心里的存在感就增强了。

关于这一点，对于第一次见面的人来说也是一样的。人们其实是喜欢"人"的，对人本身非常感兴趣。这方面将在其他章节详细讲述。

回顾一下一天之内的行为模式。

　　Q1. 早餐吃的什么？——"西餐族""中餐族"还是"不吃族"。

　　Q2. 上班路上的行为呢？——"在最后一刻飞奔上电车"，还是"留出富余时间"。

　　Q3. 午餐是如何节约的？——"300日元盒饭族"，还是"只吃自备饭团族"。

　　Q4. 平时生活里想戒掉的事情是？——"零食"，还是"咖啡"。

　　Q5. 感到最幸福的瞬间是？——"吃饭的时候""洗澡的时候"，还是"睡觉的时候"。

4 如何把普通的新闻变成受欢迎的话题

🔲 **关于"新型流感病毒"，这样聊**

如果能把时事话题与"我的轻松话题"结合起来，就变成了很好的话题。

例如，如果有关于"甲型 H1N1 流感正在流行"的新闻，首先认真聊一聊这个时事话题。

"听说又有甲型 H1N1 流感了。"

"好可怕啊！"

"据说我们这个年龄段的人好像没有抗体。"

"是的，必须要当心了。"

从报纸或者网上获取的内容说到这个程度，然后准备加入我的话题。

试着说一说，即使自己没有得病，也已经做好了防备之类的"我的话题"，就很好。

"我赶忙买了比平时用的贵 100 日元的口罩。"

"那种口罩真的有效吗？"

"不知道呀，感觉贵 100 日元应该会有效吧。"

"那你买了多少钱的口罩？"

"780 日元买了 5 个。"

轻松结合我的话题的技巧在于，说出这个时事话题与自己有什么关系、自己为此做了什么。无论什么时事话题，绕来绕去总会与自己有关。看了新闻，不要觉得事不关己，听完就完事儿了。**请思考一下"这跟自己有什么关系"，试着养成习惯**。

即使是提高消费税这样生硬的话题也一样。加入"我的轻松话题"就可以了。

说说"我的话题"，比如你感受到的事情、有什么影响、为此所做的准备之类的。这样一来，话题摇身一变就很容易聊起来了。

"消费税要上涨了呢。"

"我赶快囤了 3 打自己喜欢喝的罐装咖啡。"

"动作可真快呀！"

"不过，拜它所赐，本来就空间狭小的房间变得更挤了。"

"哈哈。"

就像上面这段对话的这种感觉。我脑海里一直挥之不去的是，在上次消费税上涨前夕，两位中年商人聊天时说道："消费税上涨，我的零花钱被冻结，没有动力工作了！"你对今天听到的新闻有什么感想呢？

技巧

聊到时事话题，一定要加一些"我的话题"。

☺ 关于"新型流感的流行"

"在电车里一听到咳嗽声，我就不由得屏住呼吸。"

"小时候，我很期待班级停课。"

☺ 关于"消费税"

"要是早点买房就好了。不过也就是说说而已，手头没钱。"

"零花钱再少下去，连盒饭都买不起了。"

☺ 关于"东京奥运会"

"到时候，我都40多岁了。"

"英语才四级水平，不知道自己能不能跟外国人交流。"

5 把"身边的人物"
引入话题中

 不管是同事、亲人、宠物，谁都行

作为闲聊能力的中级篇，我来讲一讲"引入你的人际关系"的方法。

"天气逐渐暖和了""已经是 4 月了呢"接着这类话题，可以让你周围人物的小故事登场，可以说"所以我老公……""我老婆……""我妈……""公司邻座的同事……""我家的狗……"

"今年的花粉真多，太难受了。"

"是呀。"

"我的花粉过敏症严重了。"

"是吗？"

"我妈没有花粉过敏症，所以她一点都不能体会我的痛苦。"

"啊？"

"昨天也是，一起床就把窗户全打开通风。"

"天哪！"

"我突然连续打了好几个喷嚏。"

把自己"身边的人物"引入话题中

（闲聊·入门篇）

登场人物只有自己

"我们公司的空调，冬天设置的也是 20 度。超冷！"

↓

作为我的话题是妥当的

（如何才能聊得起劲儿？）

使自己以外的人物登场

"我们公司有个非常严格的人，管理冬天空调设置。"

↓

增加了故事性，引人入胜

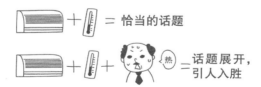

要点：尝试把身边的人或者动物，比如家人、同事、宠物等，引入话题中。

"这很难受吧？"

"我马上悄悄地关上了窗户。"

"这样啊！"

像上面的例子那样，让母亲在花粉的话题里登场，试着在对话中稍微加一些这类内容。如果说不了这么多，可以只说"我妈理解不了花粉过敏症的痛苦，我好郁闷"，能说到这种程度也足够了。

对方也有可能说一些类似的话，而且还有可能会问你一些话。如果没有聊起来，那聊到这里"解散"也是很好的。

似乎是没有什么内容的话题，但也给对方留下了一个印象，你母亲是个粗枝大叶、满不在乎的人。这样对方也多了解了你一些。

这样做，人与人之间就一点一点地亲近了。

下面是我从一个学生那里听来的一番话。

她的老公是一个平时几乎不说"谢谢"的人，但在玄关目送送他去公司的时候，他偶尔会拉着她的手说"一直以来十分谢谢你"。

这种时候，她都会想："为什么现在说这种话？""谢我什么？""你是不打算回来了吗？""你是要去战场了吗？"

无论是谁，听到这样的话题，都会产生兴趣，也能感觉到一种亲近感吧！你应该也有一两件类似的小故事吧！

　　你也许会问："这么无聊的话题有人想听吗？"告诉你，大家都等着听这样的话题呢！

技巧

传递一些你与身边人的小争执，会很有趣。

　　☺ 在说到"空调温度设置"时，公司的人登场

你："每天都非常冷！"

对方："嗯，真的是。"

你："你冬天一般把空调设置在多少度？"

对方："嗯，22 度左右吧。"

你："是需要设置到这个温度呢！"

对方："是的。"

你："在我们公司，一旦设置到 22 度，不一会儿就会有人说热了犯困，坐在暖气正下方的人就去调成 20 度了。"

对方："很不好办呐！"

你："我坐在窗边本来就很冷……前几天，我就把空调关了，然后一看那个人起身，就赶快把空调打开。"

6

以 "后悔" "死心" 等情绪 为话题，容易产生共情

☺ **试一试把上班路上的事作为话题**

接下来，进入闲聊的高级篇。这次试着以自己一些琐碎的情绪为话题，我们也会找到不值得一提的 "我的轻松话题"。

稍有后悔、小小的死心、误会、小怒气、可怜、小欲望……我们的心里会产生多种多样的情绪，你能感受到它们。这些对所有人来说都是相通的。每个人都有感情，有吸引人的魅力。

所以人们既会有 "我也一样" "我懂，我懂" 的想法，也会有 "我能感受到那种感觉" 的惊讶。

比如上班路上，我们体验着很多不同的情绪。如果你能留意到 "慌张" "焦虑" "放弃" 等情绪，那么就可以开始闲聊了！

"今天早晨很早就准备好了，所以悠然地看了会儿电视，结果过了最晚出门的时间了，超慌张的。"

谁都有过这样的经历吧。首先要做的是试着说出口。也许接下来会有意想不到的话题展开。

"正着急赶路的时候，前面有个慢悠悠走路的人，心里真是着急啊！"

"我故意加大脚步声，或者紧跟在其身后表示我'很着急'，但是对方完全没反应。"

这样，故事就已经开始了。双方展开了感受和经验的交流，谈话的兴奋度就提升了。

"在检票的时候听到了列车进站的声音。一个声音告诉我：'啊，赶不上了！'另一个声音说：'赶快跑，可能能赶上。'"

"当时，上台阶的时候，觉得自己的腿脚可真慢呀！"

"嗯，真着急呀！"

大家一定都有过各种各样的经历，像在台阶上摔跤、摔屁股蹲儿、内裤完全露出来、门就在眼前锁上了、一跃而起等。**你的一个小话题很有可能成为契机，引出对方很有趣、可笑的话题。**

每天过得匆匆忙忙的，很容易忽略自己的一些细微感受。但是，你的心每时每刻都向你传达着各种各样的情绪。

"啊，好后悔！""啊，气不打一处来！""啊，有点高兴！"如果你能抓住自己的情绪那么你就能成为闲聊中的王者。你一定可以让周围人露出笑脸。

越是微不足道的情绪，越能产生共鸣。

技巧

☺ 说一说"令人着急的心情"

"越是要迟到的时候，越是等不到电梯呢！"

☺ 说一说"令人难为情的心情"

"本想跑进车厢里，结果车门就在那一瞬间关了。看到车厢里的人的目光，感到很难为情。"

☺ 说一说"小欲望"

"运气特好，看中的那块儿金枪鱼，正在被贴上打折的标签……"

7

"沉重的话题" 只限于
向乐观的人说

话要这么说，闲聊才能朝积极的方向发展

虽然一直推荐聊关于"我的话题"，但闲聊中忌讳的是沉重的话题。

例如，"看护我母亲很辛苦""老公的公司据说面临危机""如果单身过一辈子的话，将来会感到很不安吧"等。在早晨开工之前，或者午餐时间，这些都不是轻松愉快的话题。而且对方也不太好应答。

不过，如果能把沉重的话题说得向积极方向发展的人，这类话题也是很能聊起来的。

"看护我母亲非常忙，我还学了很多关于这方面的知识。老人院都要倒闭了，所以为了找个放心的地方，我做了很多调查。"

对方会不由得说："啊？是吗？给我讲讲。"

"我老公的公司据说面临危机，所以我都这个岁数了，也不得不去打打工。看来我就算不去健身房，也能比现在瘦不少吧！"

对方听了会想鼓励你说："嗯，塞翁失马，焉知非福呢。"

"如果单身过一辈子的话，将来会感到很不安吧。现在最不想听到的是，那个我一直鄙视，认为他肯定不会结婚的家伙，竟然有了恋爱的消息。"

对方听了会想调侃一下说："你一定要去他的婚礼上演讲啊！"

乍一看很沉重的话题，如果本人能若无其事地说出来，那就没问题。一定要记住，真打算发牢骚或者倾诉烦恼的话，对方一定要限定在，有能力听且情绪上是个乐观的人。

提前准备一下槽点。

技巧

"我老婆离家出走已经 2 周了。偶尔在超市遇到，我喊她'老婆'，但是她根本不理睬我。"

8

在客户那里，以对方的事情为话题

☺ **要以对方能迅速回答的事情为话题**

在销售或商业洽谈等商业场合，进入正题之前的闲聊往往能左右最后的结果。由于是商业场合，比起同事间的聊天，对距离感的把握是个难点。

作为交谈的切入点，时事话题虽然也没什么不好，但如果以对客户公司周边，或者对客户公司本身感兴趣为话题切入点，是不是更容易打开对方的话匣子呢？

"我从车站步行走过来的，这周围有很多看起来不错的小餐馆呢！"

"这栋楼的电梯可真快，一瞬间就到了30层！"

这样一来，直接就聊到了对方公司的话题，接着说工作上的事情也会顺利许多。一旦打开对方的话匣子，接下来就可以开始"我的话题"了。

"我们公司周围就很冷清，只有一家站着吃的荞麦面店。"

"我们公司的电梯超慢，感应器也不灵敏，碰到人也没反应，会继续关门，被夹住的话，超级疼！"

可以稍微聊一下能窥视对方生活的话题，也让对方稍微了解一点你的家庭、工作方面的情况。互相增进一些了解，就有了亲近感。

这样会产生不可思议的效果，对方有可能会想："跟他一起共事也不错。"

要点是双方要展现给对方的"仅是一点点"和"稍微"。突然说"这次人事部门由专务派掌权了""我跟我老婆相处得不太愉快"之类的比较深刻的话题是禁忌。突然给对方看孩子的照片也是很唐突的举动。

等双方关系亲近了之后，才是聊一些略带感情色彩的话题的时机。

"前段时间，一个新人抗议道：'为什么科长总是一副高高在上的样子？'于是直接被带到屋里说教了。我应该如何与他们相处呢？"

于是对方应该也会跟你聊些类似的事情。这样一来，拉近了双方的距离，就可以立刻进入工作的话题了。对方肯定更容易说真话。

闲聊的时间以几分钟为宜，对方肯定也很忙。你一定要尝试一下上述方法。

破冰的同时，逐渐拉近距离。

☺ 以办公室的视野为话题

你："办公室的视野非常好呀。真羡慕啊！我们公司在一楼。"

对方："这样啊！"

你："是呀。全天见不到阳光。每次拜访这样明亮的办公室，都会想去一个在高层办公的公司工作。"

对方："见不到太阳是不太好啊。"

你："是这样的。如果是在像您办公室这样的地方工作，会感到轻松吧。"

对方："是的。忙的时候，虽然根本顾不上看外面，倒是偶尔能缓解一下心情。"

☺ 以公司附近的餐馆为话题

你："这里离车站很近呀。我们公司离车站比较远，走路要 15 分钟。"

对方："啊，这么远！"

你："而且，周围餐馆这么多，真羡慕啊！我每次都看推荐午餐的杂志，这周围有很多特别火的餐馆呢！"

对方："嗯，是的，不过太忙了，我几乎都没去过。"

你："真是浪费呀！我同事的口头禅就是：'有没有什么好吃的地方？'因为我们公司周围只有一家站着吃的荞麦面店。"

对方："这么一说，确实有一家店之前上过电视呢。应该是……"

9

在相亲的时候，说出自己的"窘况"可以引起共鸣

🗨 尝试聊一聊"来相亲路上的话题"

在相亲的场合，闲聊能力至关重要。可以这么说，是否能自如地说出"我的轻松话题"，决定会不会有下一次的约会。

不过，听说没完没了地讲时事话题或者介绍工作内容的人比较多。

有在金融相关公司工作的男士，能跟女士聊一个小时这样的内容，"今后要存一些美金存款。你有没有听说过存款被封锁的传言？"

也有耐心讲解"什么是司法代书人"直到太阳落山的女士。

相亲不是深入了解商业知识的场合，是互相了解对方这个人的地方，如果像上面那样聊天，应该不会萌生爱意吧！

这才正是该"我的轻松话题"登场的时刻。

通用的话题在那个场合、那个气氛中说出来，是不会有错的。

"我不太熟悉这个地方，从这个门口路过了3次。"

"特意准备了地图，结果出门前换了件外套，地图放在被换掉的外套口袋里了，干着急。"

"我不太适应这种气氛，总觉得惴惴不安的。"

虽然是一些不值一提的小事儿，但会给对方留下一些关于你这个人和你的生活的大概印象。当然，问问题也会比较容易，这样话题就可以展开了。

"您是提前几分钟到的呢？"

"没有地图，也顺利地找到了吧？"

"这跟在工作上的交流不一样，对吧？"

像这样，双方之间的了解也就逐渐加深了。婚姻生活中的交流是必不可少的，所以首先判断对方能不能聊得来是非常重要的。

聊起来之后，轻松地让对方了解一些自己的人际关系。

"我母亲呀，有时候会有点掉线。""怎么了？"

"她会指着早餐里的面包说：'这是从现烤面包店买回来的面包。'""是吗？"

"问她：'什么时候买的？'""然后呢？"

"回答说：'昨天'""啊？"

"我就说：'那就不是现烤面包了呀！'""嗯嗯。"

"她会说：'昨天是现烤面包呀！'""哈哈哈哈。"

"真是没法说她。""你母亲真有趣！"

展示一点家庭环境，会让对方和你更加亲密，对你产生更多的兴趣。如果出席相亲这样的场合，要提前打磨一下能自如展现你自己的"我的轻松话题"，这样幸福会离你更近！

准备几个从早晨起床至到达约会地点这段时间的话题。

"这家店非常豪华呀！门槛太高，我一直没来过。"

"犹豫应该穿什么衣服，结果迟到了。平时穿惯了西装，所以……"

"我紧张得语无伦次了，让我先喝一口啤酒吧。"

二、

即使不了解的话题
也能聊起来！

使用"共鸣原则"
能瞬间做出反应

与谁都能轻松融洽地聊天！闲聊的50个技巧

1

对对方的话不感兴趣的人，要有这样的观念

任何人都有"自己的话题"

"我对别人的话题不感兴趣，不知道该聊些什么。"

我经常听到有人这么说。如果对别人不感兴趣，那就不知道该问些什么，谈话自然不会起劲儿。

即使没这么说的人，如果问他"你有什么想问公司邻座同事的吗"，实际上应该也会发现他没什么想问的。何况是对初次见面或者不太熟的人，那更是不感兴趣了。跟这些人谈话应该是比较难的。

前面讲过，要说一些"我的轻松话题"。

从"没有共鸣"中摆脱出来的技巧

在倾听时，着眼于"对方话题"

看起来很有趣，
基于聊天的话题产生共鸣

在能观察到对方
的"生活方式""性
格""人际关系"的情
境下，产生共鸣

遇到不了解的话题或者不感
兴趣的话题就接不上话了

不管对方说什么都
能产生共鸣

要点：　**在倾听时，在脑海中想象"对方的样子"，这样
就更有画面感了。**

本章就讲一下引出"你的轻松话题"的技巧。

为什么要引出"你的轻松话题"呢，因为在对方的轻松话题中，你肯定会对一部分内容是有共鸣的，有时候也会惊讶于对方与自己完全不同。无论是哪一种，都可以产生很大兴趣，从而展开对话。例如：

"在电车里坐着的时候，旁边一个瘦小的女生下了车，坐下来一个又高又壮的大叔。好难受！"

"在出差的地方，与对方热情地握手道别之后，不久又在厕所碰到了，有点尴尬。"

"明明是个大美女，却听说美女男人运都不佳，我非常想斥责那个心里喊'万岁'的自己。"

怎么样？有没有哪个话题是让你想"哈哈笑"呢？这就是共鸣。

"在学习说话方式的教室里，总觉得和邻座的人有种莫名的亲近感。喝茶的时候一聊，才知道她是我幼儿园时的好朋友步美！"

"常去的那家小酒馆里来了个叫'女婿'的厨师。听说没过多久，他就跟帮厨的比他大 15 岁的阿姨私奔了。"

这些是不可思议的故事。听了可能会不由得说"啊"。这些事是自己没有经历过的，但听了就会想继续问问更详细的内容。

这就是谈话的有趣之处。我们听了别人说的话，会下意识地去感受对方的体验。正是这样，才会涌现各种情感，心也会雀跃起来。

无论如何，我们内心都有一种渴望体验各种感情的想法。不论是电影还是小说，我们都会跟着登场的人物一起体验冒险或者苦恋。

与人的对话亦是如此。只不过在聊天过程中，能引出对方什么样的话题，就看你的本事了。

你旁边的那个人，即使看起来面无表情，背后其实一定经历过各种各样的故事。在不为人所知的地方哭过、笑过、生气过。这么一想，是不是忽然就对别人感兴趣了呢？

今天又会遇到什么样的话题呢？如果你能这么想，那么与人说话就会变成一件急切盼望的事情了。

找出对方变得软弱或强硬的情况，并尝试提问。 技巧

☺与年长的人交谈的技巧

在聊到高尔夫或者兴趣等方面的话题时，即使不太明白的内容，在仔细听的过程中，也会听出"虚荣的时候""不知不觉变得软弱的时候"等谁都会有的微妙的心理。如果能抓住这种情绪，就能逐渐聊起来了。

关注的不是事物、事件，而是"对方本身"

😊 试着想象一下"正在看电影的对方"吧

那么，接着讲解引出别人轻松话题的技巧。

例如，对方说："我去看了我喜欢的电影。"

对对方的话题不感兴趣，所以聊不下去，那是因为你只把焦点放在了"电影"上。如果你脑袋里只想着电影，那就只能问出"什么电影""谁演的""跟谁去的""去的哪家电影院"这些问题。

而得到的回答也无非是"爱情故事""一个叫杰尼斯的演员""一个人""新宿"，这样就不得不立刻准备下一个问题，谈话也很容易就结束了。

在这里给出一个很重要的建议，话题要经常围绕"对方本身"展开。

一旦脑海中想到的是"正在看电影的对方"，兴趣肯定就来了。聊天的主角不是电影，而是对方这个人。

你在看电影的时候，都做些什么呢？容易陷入什么样的情绪呢？"一边笑一边哭""一定要先预约才去""在电影开始前 30 分钟就进电影院""喜欢靠边的座位""会担

心旁边的座位坐什么样的人""会看完演职人员表""肯定
要买爆米花"……

你一定惊呆了吧？在看电影时也会有各种各样的
故事。

如果以"是预定好座位才去的吗"或者"看电影之前
买了什么"来提问的话，对方一定能回答很多。

如果能以**"旁边坐一个厚脸皮的人，很让人烦吧"**或
者**"哪个场景令你感动得快哭了"**来提问的话，基本上都
会聊起来。因为对方很可能会总结出一些内容。

"哪个场景令你感动得快哭了？"

引出"你的话题"的方法

如果对方说:"前些天去买了数码相机。犹豫了很久,最后买了 xx 牌子的。"

想到"数码相机"
……

如果想到买数码相机
时"对方的样子"……

如果对数码相机不感兴趣,
那就接不上话了

会浮现出很多问题,比
如"为什么买呀""想
拍摄什么"等

要点: **不要去想对方话题中提到的东西,而要想"对方的样子",这样思考就不会停止!**

"我受不了那一幕，那个固执的老头，实际上是在为家族的事情担忧，但不善言辞，从家族里脱离了。"

"这是什么情况？"

"可能因为我也是那个年代过来的，不由得想起已经过世的父亲。"

"这样啊！"

"反应过来才发现，我也从家族里脱离了。"

"有这回事儿？"

这才是聊天真正的乐趣。惊异于遇到了与自己完全不同的人生、行为、话语。另一个生命里的故事，比起电影，更深地打动了你的心。

然后会在心里发出"人，真是有意思呢"的感叹吧？

在想象对方"喜怒哀乐的样子"之后，再发问吧。

"好看的电影让人想多看几次呢！"

"还真的有能影响人生活方式的电影呢！"

3

关于"体育的话题",用这些问题来营造气氛

😮 不了解详细规则也没关系

只要话题的焦点围绕着对方本人,而不是围绕话题本身,那不管从什么话题开始,都能引出故事,聊天会很有趣。

大家常说的"如果是不了解的话题,就聊不下去了"这种困惑,也能简单地解决了。

"因为我没有孩子,所以如果说孩子的话题也听不懂""因为我只玩过一场比赛,所以对于棒球、足球的话题就有点……""关于名牌的话题我就接不上"……

有这种想法是因为,大家认定如果对方说的是职业棒球的话题,自己也必须说职业棒球的话题。

😄 "你会去球场助威吗?""有什么助威物料吗?"

要说的话题,不是关于职业棒球,而是关于对方这个人本身。棒球充其量不过是个素材。你可以通过职业棒球这件事儿,来了解对方的生活方式、行为、性格、人际关系。

脑海中浮现的不是"棒球"，而是"对方本身"。

想象一下对方去给他喜爱的球队助威的场景，对方会在什么地方？

在棒球场、电视机前、公司、小酒馆……努力想象各种场景吧。这样聊天气氛就热络起来了。

试着问问这些问题："你会去球场助威吗？""你看付费频道啊？""在公司有人能聊棒球吗？"。

再围绕棒球想一想。

助威物料、队服、体育报纸、体育新闻、啤酒、对方球队。有很多吧！

如果问"你有什么助威物料吗"。

那对方如果是个热情粉丝的话，应该会说个没完没了吧！不仅是扩音器、队服，什么鼠标垫呀，棒球记分板，甚至连撒料都有卖的。不管是谁听了这番话，都会想说"啊、啊、啊"的。那兴趣应该大涨吧。

聊天的重心不是棒球，而是对方这个人。这一点我表达清楚了吧？

😊 即使是有关高尔夫球的话题，也能轻松应对

接下来是更让年轻人头疼的高尔夫的话题。同样，要想象对方的样子，而不是高尔夫。

首先试想一下，他为了能享受高尔夫的乐趣，会在哪里呢？如果能想出高尔夫球场以外的场所，那就太棒了！

那么，应该能想到家里、高尔夫球商店、车站月台、公司等场所。

"在家里（公司）也会聊高尔夫球的话题吗？"

"在车站月台上或者巨型玻璃前，也有人在模仿挥棒呢！"

"是不是也有不自觉地就走进了高尔夫球商店的情况？"

据我所知，有的高尔夫球商店里面的女售货员打扮得很花哨，又很漂亮，也非常会说话。顾客本来是去买高尔夫球的，她们通过花言巧语再加上女性的魅力，成功劝说顾客购买手套、昂贵的器材。

"我总是不知不觉就买了。"

这样就已经从高尔夫球的话题转移了吧！而且聊起来很愉快。只要掌握了这个技巧，就能顺利地问出"你的轻松话题"了。

一边想象着对方很有兴致地选择高尔夫俱乐部、做练习、在高尔夫球场上有喜有忧的样子，一边聊天吧！

"俱乐部里也是有讲究的吧？"

"经常去练习吗？"

"你听说过，午餐时喝啤酒打球难受吗？"

4 尝试聊聊伴侣或孩子

📱 对于喜欢职业棒球的人

在此希望各位回忆一下第一章里面说过的制造"我的轻松话题"的方法——引出自己的人际关系。

引出对方的话题时，也同样，要想象"对方的人际关系"。在听喜欢职业棒球的人说话时，脑海中要想象，对方的家人等观看棒球比赛的画面。

于是就应该能聊"你的夫人、孩子也喜欢棒球吗"，或者"棒球比赛跟电视剧时间冲突的时候怎么办"。这样话题就不限于棒球，而是扩展到他的家庭了。

然后就能聊起他与妻子谁说的算、是否被孩子尊敬等话题，这一定会是一个愉快的聊天。

🏌 对于喜欢高尔夫球的人

这个技巧即使在谈论高尔夫球这种"专属老先生"的话题上也可以使用。只要你知道打高尔夫球需要早起这一点，就已经能开始一段愉快的对话了。一听到高尔夫，如果能引出他的家人，尤其是能把他的妻子引出来的话，那么话题应该就忽然有了戏剧性了。

"去打高尔夫球的早晨，您妻子会早起为您准备早餐吗？"

"怎么可能呢？"你应该会得到这样的答案。

以我向打高尔夫球的朋友问这类问题的经验，其中有个人吐槽说："工作日都不起来，去打高尔夫球的时候怎么可能呢？"

之后，他就开始滔滔不绝地讲他的"坏老婆"的故事，球童听了捧腹大笑，把他右边一个很大角度的曲线球都看丢了。可喜可贺！

☺ 聊起育儿的话题时

没有孩子的人也可以不把焦点放在孩子身上，而是想象包括对方在内的人际关系。

如果脑海中想象她的丈夫、两家的爷爷、奶奶、姥姥、姥爷"会做什么事情呢"，那么应该能忽然想出些什么吧。

"你老公也很疼爱孩子吧？"

"你老公在育儿方面能帮上忙吗？"

"爷爷奶奶是不是对孩子疼爱得不得了？"

"不过，爷爷奶奶总是过来的话，你可能受不了吧？"

　　怎么样？从你这里开启一个话题，对方就能根据你的问题，与你展开一段真实的对话。于是，听着对方冒出的话，你或是笑，或是吃惊，这样时间很快就过去了！

　　如果聊了这些家常话，即使是初次见面的人也会感觉像是多年的朋友一样。对方也会因为跟你说了这些话，而对你的亲近感倍增吧！

　　如此一来，如果是销售人员，那商谈会很顺利地推进；如果是相亲的场合，一定会成功。

　　在听对方说话的时候，从他的话里想象对方的人际关系。

　　首先是妻子、丈夫、孩子；其次考虑恋人、公司的同事等人物。试着将话题引出，会有一个意料之外的非常精彩的故事等在那里。

　　大家跟周围的人是怎样交流的呢？乐趣无穷！

技巧　**试着问一问关于对方的人际关系。**

　　"在你家里谁有最大的主电视的频道控制权？"
　　"能看足球比赛呀！你老婆跟你一起看吗？"

5 "积压的情绪"一开口就停不下来

"来气""为难""忍耐"的情绪涌上来

在"我的轻松话题"的高级篇里讲过,"试着把自己的琐碎情绪"作为话题。现在试着换成引导"对方说出琐碎的情绪"吧。

人这种生物,一旦情绪受到刺激,想象力就会膨胀起来,故事就会在脑海里一个接一个地展开。

我曾经试着向一个有 3 岁孩子的男士问了一个问题:**"有了孩子之后,体会到了跟单身的时候完全不同的心情吧?"**得到的回答是:"在托儿所的运动会上,我看到儿子笑着向等在终点的我跑过来,就忍不住哭了。"

在托儿所的运动会上,爷爷奶奶用手绢擦眼角泪水的场面层出不穷,听到这样的话题,即使是没有孩子的人也会不自觉地声音上扬,说出:"哦,原来是这样!"

如果谈话技巧高明,就能听到很多种人生体验。聊天就是用一个人的人生体验,换来数百人、数千人的人生体验。

有些人可能觉得这有些难,那么我来教你引出情绪的方法。

"来气""为难""忍耐"等情绪可以带来非常愉快的聊天。首先最基本的就是试着用一用这些情绪。

因为通常多数人都不会把消极情绪发泄出来，所以只要用提问稍微刺激一下对方，一旦开口就停不下来了。

如果是关于育儿的话题，只要说**"孩子虽然很可爱，但有时候也会让人很来气吧"**就行了。

如果对方是个管理人员，那就说：**"下属有时候会很让人来气吧？"**

如果对方是销售人员，那就说：**"也有很让人来气的客户吧？"**

如果对方是学校的老师，只要问：**"有的家长会说一些让人来气的话吧？"**我保证你肯定能听到他们精彩的回答。

当然，也要使用好的情绪。只需要说一些"真好啊""太高兴了""好幸福"这样简单的情绪就可以。

"结婚后（一个人住、创办公司之后），你觉得很不错的事情是什么？"

"做这份工作以来，你觉得最高兴的瞬间是什么时候？"

"在这里生活的这段时间，你感到最幸福的时刻是什么时候？"

于是，就有可能遇到与自己预想的不一样的剧情。"创办公司以来我觉得最好的事情是，不用挤满员电车了。"对上班族来说，很难意识到这一点吧！

询问对方心情的问题往往会触及对方的内心深处，所以不要突然使用。一开始可以从不痛不痒的话题开始，感觉对方敞开了心扉，再试着提问。

试着问一问"忍耐的心情"或者"幸福的心情"。

☺ 问问"正在忍耐"的事情

"在工作中有些要忍耐的事情吧？"

"有一些不能对人说的事情吧？"

☺ 问问"高兴"的事情

"听到领导（下属）说什么，是让你高兴的？"

"有了家庭之后，让你感觉幸福的瞬间是什么时刻？"

6

与长辈和晚辈也有能聊得起劲的技巧

☺ 明确地说，没有"万人通用"的话题

某大银行支行行长向我吐露心声："年轻职员跟与他们父亲、祖父同辈的经理级别的人完全没话说，真是难办啊！"

"您好！这里是××银行。请问您有没有资金方面的需求？"

"没有，目前还够用。"

"是这样啊！那打扰您了。"

像这样的对话，一分钟不到就结束了。被客户问道："你的这些员工是来干什么的？"我感到很丢脸。

销售的工作就是在闲聊中引出客户的新业务、秘密话题。如果连闲聊都无法进行，别说开拓新业务了，可能连客户都丢了。

这跟父辈与子辈交流的情况，其实差不多。

貌似有很多管理人员都感叹："不知道该如何跟新人说话。"

年龄不同的人，其兴趣、关心的事情也不同。这十年

来文化变化也很大，所以没有通用的话题是很正常的。

☺ 如果说起"人人通用的"话题，那就有很多了

那么，应该怎么做呢？**要意识到不只是兴趣、家乡才是通用的话题。**

如果从我们作为人类的共通之处考虑的话，其实不用专门寻找，就能展开一段愉快的对话。

比如，每个人都要晚上睡觉、早上起床、吃早饭、坐电车或者汽车、去公司、回家洗澡、又睡觉；我们都要聊天、购物、运动。我们都会欢笑、哭泣、生气。我们都有家人、朋友、同事。

这些都是作为一个人共通的。

🔒 在客户那里，与年长的经理交谈的场合

例如，年轻的销售员与客户经理谈话时，如果意识到不管是年轻人还是经理，上下班这件事是相同的，那么谈话就可以轻松地开始了。

"您是坐汽车上班吗？"

这样谈话就自然而然地开始了吧。然后接着说："**那**

就不用挤人满为患的电车了呢！"之后对方应该会这样回答吧。

"但是呢，路上也是很堵的。"

"不过，有司机开车，您还可以看看报纸、上上网，有了收集信息的时间呢！"

像这样转移话题，就可以进入工作的话题了。

前提是已经见过几次面了，感觉对方是一个通情达理的人。

"像我每天都是挤人满为患的电车，连看手机的空间都没有。为了不被误会是色狼，两手要一直高举着。"

像上面这样夹带着自己的话题，有可能让对方觉得你是一个有意思的人。

每个人都要吃饭、聊天，都能感受到天气的冷和热。在各种不同的情况下，如果能有兴趣并发挥出"我是这么处理的，那这个人会怎么处理呢"的想象力，那么你跟谁都能聊起来。

技巧

与父辈的人交谈时，试着问一问："××（事情），您是怎么做的呢？"或者"关于××，您是怎么考虑的呢？"

☺ 试着聊聊关于体育的话题

你："在您那个年代，最热门的体育项目是什么呢？"

（问的是"你的话题"。）

对方："啊，应该是棒球吧！"

你："也是棒球呀！"

对方："看电视，特别是甲子园的高中棒球比赛是一定要看的。"

你："那就是说，夏天的乐趣会更多呀！"

（刺激对方的情绪。）

对方："嗯，是的。我的老家是××，所以一定会给老家的球队加油的！"

你："您老家是××的呀！球队里有很多高手呀！"

对方："嗯，要是能进8强就好了，一看比赛声音就会变大。好难受啊！其实……"

7 聊私人话题可以拉近与他人的距离

搞笑的自虐话题

现如今结婚的人越来越少了。很多人都在分析这是为什么，不过我认为，原因是人与人之间的距离变远了。有人会觉得最好不与别人说自己的私人话题，同时也忌惮问别人私人话题。

如此这般思虑过度就使得与他人之间的距离变远了，男女之间就产生了不可逾越的鸿沟。例如，在相亲场合，这样说：

"我家附近就有一个很有名的能量景点，不过我一点都不喜欢。"

"跟客户聊天的时候，对方已经说了可能性只有百分之几，我却还是问了'是超级洗浴中心吗'这样的问题。"

如果像上面这样聊天的话，大多数人都会对这个主人公产生好感的。只是三言两语就看出了当事人的性格呢。

每个人都是有魅力的。只不过自己感觉不到而已，在你看来自己干了蠢事的时候，但在别人看来却能感受到你的魅力。**人的魅力不是在于展现优秀的方面，而是在表现**

出率直的性格的时候，才能被感受到。

工作场合亦是如此。

"自从不坐电车，改骑自行车上下班之后，因为做了运动后会觉得饿，盒饭也要吃大份的，体重每个月涨 1 公斤。我再也不骑自行车上下班了。"

"刚进公司的时候，我被称作营销部门的秘密武器。从那以后，我一直保持秘密的状态。"

如果能聊一些这样的话题，那应该很快就能拉近与对方之间的距离，工作也能顺利展开了。因为对方记住了"你就是那个被称作秘密武器的人"。

如果擅长讲出自己的话题，就能表达自己，如果善于引出对方的话题，就能深入了解对方。这样的话，即使刚见面也能开始谈恋爱，去拜访客户也不会让对方摆出一副臭脸。

真希望这世间，人与人之间都能轻松自在地聊天啊！

冒失的、愚蠢的事儿，能让人感到亲切。

技巧

"为了减肥，我午餐控制碳水化合物的摄入，坚持了两三天就坚持不了了，夜宵吃了满满一大碗拉面。"

"我有过这样的经历，走路走了好久，然后迷了路，最后不得不打车回来。"

8

如何鉴别可以聊"私人话题"的人

😊 在这世上，有 3 种类型的人

在书里讲的内容，我也在课堂上给学生讲。通常都会有学生问："问别人这么深入的话题，没有问题吗？"

面对爱看棒球比赛的人，问出"您夫人也跟着一起看比赛吗"这样的问题，如果是刚见面就问到对方的夫人，会感觉不太妥当。

请这么思考这个问题。这世上，有 3 种类型的人，"①什么话题都能说的人""②渐渐熟悉了就开始说私人话题的人""③绝对不会说私人话题的人"。

😮 从对方的反馈中就能判断出他是哪类人

怎么才能判断对方是哪类人呢？首先要从聊一些"自己的轻松话题"开始。

比如，可以说："我家遥控器的掌控权归我妻子，所以我每次看赛马都是在手机上看"

这样一说，如果对方是类型①的人，就会立刻讲一些

自己的私人话题："啊！你家也这样吗？我妻子是我家的女王。结婚后我也就威风了三天……"对这个人，你问什么都行。甚至有的人，你不用问就连年收入都会告诉你。

类型②的人，在你先说出一些私人话题之后，问他同样的问题，他也会一点点地说一些关于自己的话题。对于这种类型的人，就不适合一下子说太深入的话题，例如，"夫妻经常吵架的原因"等。

难兄难弟呀！ 你家也是？

问题最大的是类型③的人。这种类型的人，即使你说了一些关于自己的话题，对方也是用"是这样啊"来回答。**那么可以漫不经心地问一句"在你家是谁掌控遥控器呢"，看看他怎么回答。**

恐怕对方也是给出一个模棱两可的回答："我家好像没有这样的事儿。"如果是这种情况，就是对方不想再被问这样的问题了。

那么以后只要不问涉及对方私人话题的问题就可以了。之后你可以再说一点关于自己的话题，如果对方还是不说私人话题，那么就说一些无关痛痒的话题就好了。

在这世上，主动说自己故事的人太多了。如果总在担心"能不能问关于对方家庭的事儿呢"，那就会错过很多难得的机会。

　　首先要认真准备关于自己的话题，之后顺着这个话题，试着问一问对方。一切就从这里开始了，肯定会遇到愉快而又异想天开的剧情的，你的人生也就变得更加丰富多彩了！

在进行深入话题之前，先用自己的话题试探一下对方的反应。

　　☺ 以休息日的生活为话题
　　"休息日我没什么特别计划，可以随时约我。"
　　① 如果对方是"什么话题都能说的类型"。

> 对方："也没有朋友约我呢。"
> 你："这样才能真的放松下来，不也挺好的嘛。"
> 对方："太放松了，人就废了，连衣服都懒得换了。"

　　如果是能聊到这个地步的人，试着聊一些更深入的"其实有时候会有人过来跟我一起住"，可能会意外地问出对方的真心话。

② 如果对方是"渐渐熟悉了就开始说私人话题的类型"。

> 对方："嗯，休息日能放松一下了。"
>
> 你："你一般休息日都怎么过呢？"
>
> 对方："通常会出门吧。"
>
> 你："是去购物吗？"
>
> 对方："嗯。"
>
> 你："出门之后，心情也会发生变化吧？"
>
> 对方："要不是为了换换心情，就不会出去了。"
>
> 你："这么说来，平时一定很累吧？"
>
> 对方："嗯，确实是。每天都有很多事儿。之前就……"

先让对方说出积压的情绪，话题逐渐就打开了，就有可能说一些私人话题。

③ 如果对方是"绝对不会说私人话题的类型"。

> 对方："是这样啊……"
> 你："是的，因为我比较宅。你喜欢怎么过休息日呢？"
> 对方："没什么特别的方式。"
> 你："休息日最重要的就是放松。"

说一些无关痛痒的话，然后散了就可以了。与此类型的人说话时，请参考下一章节。

9

接近不能敞开心扉的人的有效方法

😀 **首先从这样的话题开始！**

即使你先聊起自己的话题，并且问出相关问题，对方仍含糊其辞地回答。如果职场中遇到这样的人，或者结婚后与这样的人成为亲戚，该怎么办呢？

虽然与这样的人交谈是件困难的事儿，但还是有办法的。首先只跟他们说必须要说的话题。

如果对方是职场中遇到的人可以说："这些文件，真是谢谢你了！"

如果对方是亲戚可以试着说："××有点感冒，已经睡下了。"

如果是表示感谢、道歉，或者是业务联络，他们还是能顺利沟通的。他们会简单回复"啊，不客气""是这样啊"之类的话，这就已经成功了。

随后，可以努力展开一些话题，例如，"你的文章写得真是通俗易懂啊！"对方的答复应该是："哪里哪里。"与他们交谈的时候，趁早结束话题是对他们的解脱，长时间对话会给他们带来压力。

即使他们从你这里感受到"请再多说一点，再多回应一点"的气氛，却没有回应能力，这也会让他们感到痛苦。

如果对方说："没有，哪里。"你就送上微笑，说："是这样的。"然后离开吧。一边进行这样的对话，一边时不时说一点你自己的话题。

虽然会花很长时间，但是他们沉重的心门总有一天会慢慢敞开的。对他们来说，有关家庭或者学生时代的一些话题，有可能是不能触碰的。在他们提起这些话题之前，请保持沉默。

请从一些容易回答的问题问起。例如，"早餐吃的是面包吗？""你喜欢什么动物？""在上班时的电车上能有座位吗？""工作时间不会犯困吗？"

这些人一旦敞开心扉，实际上也会讲笑话，或者说一些让人惊讶的话。对于心门紧闭的人，要尊重对方的节奏，试着耐心地与对方长期相处。

技巧　**一边说一些无可非议的话题，一边做好打持久战的心理准备。**

☺ 跟岳父岳母聊"养生方法"的话题
你："我最近肩膀酸痛得厉害。"
对方："是吗？"

你："试着做了一些在电视上学的治疗肩膀酸痛的体操，也没什么效果。父亲的肩膀不酸痛吧？"

对方："也有一点。"

聊到这里对方依然是这样冷淡的态度的话，那就赶快换个话题。不勉强对方说话，反而能等到他打开心扉的时候。

三、

瞬间带动对方情绪！

新想法——主动倾听

与谁都能轻松融洽地聊天！闲聊的 50 个技巧

1

不要再一味地倾听了

☺ 令对方容易说话的倾听方式

本章将介绍"主动倾听"的方式。这是一种自己一边适当地说话，同时也听对方说话的积极的倾听方法。

很久以来，我都对闲聊中保持倾听的风气持怀疑态度。倾听指的是，不打断对方说话，保持沉默，不时回应一声"是吗""再跟我说说"，只让对方说话的聊天方式。

但是，这样的话，闲聊就毫无乐趣了。因为，如果不能说出自己的感受和想说的话，压力就会越积越多。怎么可能有乐趣呢？

说话的一方也会感受到对方只是在被动地听，如果自己一旦停下，那对话就中止了，也应该会倍感压力。倾听基本上是不表露倾听者的感情的，那说话者也就没有说话的意义了。

我认为既然是闲聊，那么双方最好是自由交流和表达情绪才对。即使是倾听者，也应该多加入一些自己的话题。**这样才能向对方展现你的性格，对方会很高兴的**。也会聊得很起劲儿。

如果说到原则，只有一点，那就是要留意对方如果正想继续某个话题时，你不要忽然改变话题。关于这一点，后文会进行详细的讲述。积极倾听的能力，是让闲聊自由快乐的一种能力。

情绪有变化的时候，试着说出感想。

技巧

× 直到对方把话说完为止，一直都是随声附和。

○ 在不打断对方话头的情况下，插入类似"嗯，太有意思了""好尴尬呀""我也有过这样的经历"等话语，加入聊天。

一边倾听，一边想象
"对方的样子"

☺ **如果不以对方为中心，想象是无法延伸的**

接下来，让我们来探究倾听的奥秘吧。若是想要主动倾听，那就需要深入到对方的话里去。这需要开启你的想象力。

首先，我们以跟熟悉的人聊天为例做一做练习。

例如，对方对你说："前不久我去了一次动物园。"

多数人都只是理解了这句话的意思，就结束了。那感觉就像把文字在脑海里过了一遍。所以，反应就比较平淡。

你觉得会倾听的人，此时会怎么做呢？

实际上，他们会把对方的话，真实地像放电影或者动画片一样在脑海里描绘一遍。

善于倾听的人的倾听方式

如果对方说："前不久我去了一次动物园。"

想到"动物园或者真实的动物"

想到在动物园很兴奋的"对方的样子"……

如果没什么兴趣，那想象力就不能展开

会浮现出对方走来走去的活泼身影，或者非常高兴地与动物接触的样子

> 要点：不能只想动物园的画面，要同时想象"对方的样子"，那么想象力就会像动画片一样扩展开来。

接下来，马上进入课程！

听到有人跟你说"我去动物园了"，你想到了什么呢？

多数人想到的是大象这类有人气的动物，或动物园大门等可触摸的场景。

这里就出现了会倾听和不会倾听的决定性因素。

这就是，你想象的场景里是不是以对方为中心——穿过大门的对方、看大象等动物的对方、抚摸兔子等小动物的对方……

这与前面章节里讲过的"与看完电影的人聊天，不能只聊电影，而是要把看电影的对方当成主人公来想象"的方法相同。

然后，仿佛置身现场，感觉自己在抚摸兔子一样，去倾听。

你不自觉地就会说"兔子的皮毛真的是很柔软呢"，就好像自己真的摸到了一样，这就是想象带来的效果。这样一来，想问的话就会不断涌现出来。

这样你就能进入说话者所描述的世界了，说话者也就能更多地表达他的感受和想法了。

如果感觉有些困难，**那你可以从想象对方描述的场景开始。**

如果说话者说"昨天去糕点店买了蛋糕"，**你就想象**

他精心挑选蛋糕的样子。

如果说话者说"去现场看棒球比赛了"，你就想象他在棒球场里边喝啤酒边看球赛的样子。

这是倾听的开端。

一旦在脑海里浮现"对方的样子"，那就能给出"准确的回应"。

☺ 如果对方叹气说："太忙了！"

先想象对方从早上开始就马不停蹄地工作的样子，就能担心地问："你有没有时间睡觉？有从容地吃饭吗？"

☺ 如果对方牢骚道："下属太难带了！"

先想象对方在错误频出的下属面前那一筹莫展的样子，试着产生共鸣："不都是做事认真的人啊！"

3

夸张地想象，就能给出富有感情的回应

同样的"哦"，给人的印象却大不相同！

一旦描绘出对方话题里的情景，体会到对方的心情，就自然而然地会把情绪反映到话语里。

对方说："前不久我去了一次动物园。"想象出这一场景之后，高兴的感觉就会在回应的"哦"里面体现出来，那是一种带着喜悦音符"♪♪"的感觉。

不会倾听的人也会回应"哦"，但是在多数情况下，说话者听到后是感受不到任何情感的。

我认为这应该是没能发挥想象，所以没有体会到说话者的心情所导致的，只是简单地插话而已。

在教室上课的时候，跟学生说："昨天本来在打高尔夫球，结果下起雨来了，虽然地面很泥泞，但我还是坚持打到最后。"他们却语调没什么起伏地说："啊，真是辛苦啊。"要是这样的话，说话者也就不会再说下去了。

于是，我说："大家来想象一下，你自己在大雨中打高尔夫球，浑身湿透，裤子上、袜子上、鞋上都是泥，大

雨倾盆，天空一片漆黑。"

　　然后我问："怎么样？"大家脸上的表情都不一样了，回答方式也变了。

　　"很冷吧！""没感冒吗？""真想回家呢！"这些话语不断地冒了出来。

　　无论是谁，只要发挥想象力，进入对方说话的世界里，都能感受到与对方一样的心情。

倾听方式①
想象"如果自己也在场"

如果对方说:"在大雨中,我坚持打完了一场高尔夫球。"

想到雨中的高尔夫球场

想到对方全身淋湿还在打球的样子,试想一下"如果自己也在场"

没有真情实感,想象无法扩展

会涌出
"冷得受不了"
"想赶快回家去"
等真情实感

要点:想象稍微夸张一些,可以冒出真情实感。

🫢 煽动对方想象力的回答方式

真正的倾听高手，当你对他说："昨天，我洗澡水温度设置错了，跳进了 45℃的洗澡水里。"他会回答："啊！烫死了！"

这是因为，在其想象中，倾听者自己也用了 45℃的热水洗澡。

对他说："我嘴里长了 3 块溃疡，被酱油蜇得疼。"他也会说："好疼！"。在倾听高手的想象中，他自己嘴里仿佛也长了 3 块溃疡，而且也被酱油蜇着了。

得到了这么好的反馈后，说话者会认为倾听者跟他是一体的，会很高兴，说话意愿就得到加强了，他的想象力也会不断展开。然后就说个不停了。

而不善于倾听的人，听到同样的话，却只会回答："真是够受的！"因为并没有想象到口腔溃疡的疼痛就回答了，所以反应就很平淡。

😊 真实体味说话者的感受

还是回到动物园的话题。得到了很好的回应之后，说话者的想象力就会被激发，双方就会不停地聊起来。

"感觉河马朝着我跳过来了"之类的话语也很自然地

说出来了。这跟倾听者的反应其实有很大关系，这一点很少有人意识到。

一边想象一边倾听的话，就会觉得自己跟说话者有着同样的体验。 你眼前也有一头河马飞过来了，就会自然地叫出"哇"这类的词。这就已经是很会倾听的高手了！

像这样在倾听的时候，一边想象对方的话题，试着进入那个世界，然后与说话者一起体味那种心情吧！

这样你的回应里就充满了感情，说话者也会和你高兴地聊起来了。

丰富的反应不等于"夸张"

不善于倾听的人经常会提出这样的疑问："共情跟夸张是同一回事儿吗？"这是只想通过"语言"来理解发言的人的想法。如果做出只提高声音，而不伴有感情的反应，那是非常不自然的，只会留下违和感。

首先，要进行练习。经过多次的经验积累后，就能把对方的观点和自己的观点结合起来，自然而然地就富有感情了。就能够不夸张地做出感情丰富的反应。

先想象画面，再做出回答。

☺ 如果对方说:"上次为了买果汁，在自动售卖机里放进去 150 日元，找回来 100 日元的零钱！"

先想象对方手里拿着找回来的 100 日元零钱微笑的样子，然后回答:"运气真好啊！"

4

能跟任何人拉近距离的回应方法

只要发挥想象力，就能赢得所有人的信赖

为什么说"商谈之前先要闲聊呢"？这是因为，一边听客户说话一边想象，与客户怀有相同的情绪，并富有感情地回应他之后，客户会觉得"原来你懂我的心情"，从而感到一体感，变得高兴起来。

如果客户说："给孩子举行'七五三'祝贺仪式的时候，岳父也来了，但是话不投机，真是为难呀！"，就回答：**"嗯，这是很别扭呢！""感觉没处待了吧！"**，客户会很高兴的。一旦客户高兴了，他就会有这样的心情："他能理解我的心情，这个销售员，人不错呀！我对他有好感。我也要考虑考虑他的心情。"

于是，商谈就向着好的方向推进了。**即使这次商谈进展不顺利，客户也会考虑下一次对你说些好话的，这就是闲聊的作用。**

相亲场合也是一样。"只要能进行语言交流就够了""只要不冷场就行了""能有点问题问就可以了"……这类想法是错误的。如果你说的是对方不想听的话题，而

对方想听的却又没说，估计就不会有下一次约会了。

"总觉得哪里不对"这句话应该是为了表达没能被理解的沮丧吧！**发挥想象力，把对方的话想象成影像，感受对方的心情。然后，带着这种心情去回应。**如果能做到这样，就能与对方形成一体感，关系也就变得更好了。

感受到对方希望被理解的心情，带着感情去回应。

技巧

应答的表情和语调都能传达出一个人是否是真心的。

5

试着说出"简单的感想"

☺ **如果对方说："沉迷于猫咖啡店。"**

接下来要讲的是主动倾听的第一步。**加入倾听者最容易做到的"自我表达"**，意思就是对于对方说的话，表达出"简单的感想"。

虽然主角还是说话者，但倾听者想表达自己的感受是理所当然的。此时，一方面注意不要偏离说话者想说的内容，一方面尝试倾听者的自我表达吧。

例如，当对方说"我沉迷于猫咖啡店"时，**你可以把自己的感受说出来："猫很可爱呢！"** 这样也不会妨碍对方想说的话题。

相反，如果你说"比起猫，我更喜欢狗"，那么，对方就很难接话了，对吧？这就是不能说的话。请好好理解这条原则。

☺ **如果对方说："我去了一家非常奢侈的烤肉店。"**

爱担心的人可能会想："要是说了不恰当的话，会被对方认为自己的感受很奇怪。"于是就犹豫要不要表达自己的感受了。这其实是小看了自己，也限制了自己。

只是闲聊而已。充分自由地表达自我，体会快乐吧！如果能表达出感受，你也就出色地加入到对话里了。对方也不会说"你什么都不说呢"之类的话。

如果对方说：**"我去了一家非常奢侈的烤肉店，上等里脊肉要 2000 日元呢！"你可以先想象一下**，很贵的看起来很好吃的肉在那里烤着，已经忍不住流口水了。**请以装作若无其事的，身上套着纸围裙的对方为想象的中心。**

产生了什么样的情绪呢？首先是**"真不错呀"**，然后是**"好好吃呀""真奢侈呀""我也想吃"**，把涌上心头的话全都说出来。

仅凭这一点，在周围人看来，你已经是一个能说会道的快乐的人了。对方也应该很容易接着说，即使不说什么幽默的话题，也能充分参与对话。很简单吧！赶快找个人来试着聊天吧！

倾听方式②
试着说出感想

如果对方说:"沉迷于猫咖啡店。"

直接说出了想到的话　　　知道了对方是喜欢猫
　　　　　　　　　　　　　的人,说出感想

"哦,你是爱猫族吗?　　　　"猫很可爱呀!"
我喜欢狗。"　　　　　　　　"很治愈吧!"
　　　　　　　　　　　"哇,好想摸一摸呢!"

对方很难继续话题　　　　对方情绪高涨

要点: 设想"自己也在猫咖啡店",那么会有很多感想
涌出。

试着在对方的话里加上自己的感想吧。

☺ 如果对方说："这次要在 100 个人面前做一个演讲。"

首先，试着想象一下这样的场面。

制作讲稿、练习，台下坐满了高管、上台、领导给施加压力，等等。

想到这里，试着说说**"好紧张""夜里睡不着""脑袋里一片空白"**这些想到的感想。

6

鹦鹉学舌只限于情有所动的时候

😊 胡乱用的话，会很扫兴

在此，我想再次粉碎一个倾听神话——鹦鹉学舌。

如果对方说"我热衷于高尔夫球"时，可以用"高尔夫球啊"同样的词语给予回应，很多讲解倾听方法的书里都会告诉你，如果这样说对方就会打开话匣子了。这是不贴近读者的作者最容易出现的错误。

这种方法其实并不奏效！很多人一脸晦涩地说："即使是用了鹦鹉学舌的方法，谈话依然就那样结束了。"

那自然是这样！没有很好地想象对方的话，就姑且用了相同的话语回应对方，说话者会觉得"他的回答完全没有感情呢"，于是情绪也就冷淡下去了。

我的建议是，听了对方的话，在你还没有什么感受的时候，不要用鹦鹉学舌的方法。否则那一定是徒劳无功的。

那应该在什么时候使用呢？应该在你的情绪被很大程度上调动起来之后使用。

"工资一下子涨了 10 万日元！"

"啊！10万日元！"是这种感觉。这其中包含着"为……为什么"的隐含意思。

不太会说的人，就先试着带有感情地说："真的吗？太惊喜了吧！"。然后试着用同样的语气，表达一下："10万日元！"

在我的课上，很多人都是用这个方法找到感觉的。如果能把你感受到的情绪很好地用语言表达出来，鹦鹉学舌才有意义。

"我妻子是保加利亚人。"

"保加利亚——人！！"

想象一下，回到家，打开门，说："我回来了！"然后，从房间里出来一位白皮肤的漂亮女性。她系着围裙，当然是金发！

通常，就会说出"保加利亚——人"了吧！

以下是在东京做讲座时候的真实故事。

"本来打算从群马县搬家到埼玉县，但一看订好的公寓的地址在栃木县。我一直以为是在埼玉，结果发现那里是栃木了。"

"栃木——！"（不知为何东京的人齐声叫了出来。）

虽然不明就里，但这已经是非常欢乐的气氛了。能给出这么大的反应，是因为把对方作为想象的主人公了。如果只是从群马县搬家到了栃木县这件事儿本身，并不会有这种情绪。

把对方作为想象的中心，植入感情就变得很轻松，好像在说自己的事情一样。**下决心搬进大城市，离开群马县，结果却搬进了枥木县！想理解却怎么也理解不了对方，所以自然地声音也大了起来。**

枥木县的各位，对不住了！因为这是发生的真事，还请原谅。

鹦鹉学舌的技巧在于使用尽量简短的词语来回应。

"本想从群马县搬到埼玉县，结果却搬进了枥木县。"

如果这样回复："啊？本想从群马县搬到埼玉县，结果却搬进了枥木县？"会破坏故事的节奏。

这里，只说"枥木——"，更能把你的吃惊强烈地传达给对方。

随着想象力的进一步提升，你能带有情感地说出"是高尔夫球——吗"，对方自然而然地开始和你聊天的那一天也就不远了。

这样，你也成了鹦鹉学舌的达人了。闲聊也越来越带劲儿了。

如果是富有感情的，那么简短的应答也是很好的。

    × "啊——你们公司今年的黄金周能连休 8 天！"

    ○ "啊——8 天啊！"

7

如果能预见话题的走向，就可以插入"自己的话"

如果对方说："我在北海道吃了拉面。"

马上就要进入主动倾听的最高阶了，那就是一边插入你的话语，一边倾听。

"上周我去北海道吃了拉面。"

那么，对方开启了这个话题，首先希望从倾听者那里得到一个好的反馈。

"是吗？真不错呀！♪♪"

问对方"为什么是北海道""哪家的拉面"等问题还为时过早。**在看清对方想把话题朝哪方面展开之前，先认真地给一个反馈，观望对方的进展。**

"排着超长的队，大概等了 1 小时。是在拉面专门杂志上发现的一家店，无论如何都想去尝一尝。"

终于看到了对方的意图。忍耐的等待还是有价值的吧！对方显然是个对拉面很有研究的人。能看到话题的走向了，那你也加入到对话里吧。别犹豫啦！

有一点需要注意，自己说出来的话语，不要脱离对方想说的内容，不要让对方没办法接。这样的插话是完全没问题的。

"排队的时候，闻到那个汤的香味，真是馋得受不了啊！大家都不说话。"

不过也有可能是对方顺着你的话语，无意间脱离了他原来的内容。

"我独自一人去排队吃拉面，当时跟前女友在排队的时候吵架了，也不知道她现在怎么样了……"

如果你想成为一个善于察言观色的倾听者，就请记住，如果对方已经从原来的话题中脱离了，先这样聊一会儿，告一段落了可以说"刚才说到在北海道的拉面店排队排了 1 小时"，把话题引回来。

这样的话，对方会回过神来说："是的是的。"又回到了原来的话题。

😊 著名主持人能这样巧妙地和嘉宾对话

在畅销书《倾听的力量》的作者阿川佐和子女士的节目里，受访者都能心情愉快地聊天。

日本国家女子足球队选手新婚不久上她的节目，嘉宾说道："那时候他（我的丈夫）也没有对象。"阿川女士立刻非常恰当地插话说："这么优秀的男士，你之前都干什么去了！"

倾听方式③
插话

如果对方说："上周我去北海道，
排队吃了拉面。"

不考虑对方说话意图，直接插入自己的话

"北海道呀！这个季节的螃蟹也非常好吃呢！"

聊天夭折了

掌握了对方说话意图，着眼于"排队"

"在排队的时候，闻到汤汁的香味，肯定想赶快吃到吧！"

对方情绪高涨，更加愉快地聊了起来

要点：**先要了解到对方说话的意图，注意让聊天能愉快地进行。**

当然，嘉宾们都笑了起来，接下来的话也滔滔不绝了。

电视节目的著名主持人都非常会插话，从而引出嘉宾的话。这也是倾听的一种技巧。

本来说的是拉面的话题，如果你接着说"我在 iPhone 发售当天排了 3 小时的队"，就是不要的说法。这一点大家应该明白。因为这样说的话，必定不能回到在拉面店排队的话题了。

当然，即使真这么说了，如果你能紧紧把握住让对方回到主角位置的心情，说"对了，你刚才说的是拉面店的事儿"，那也是可以的。重要的是，能理解对方的意图，留有余地让对方把话说完。

如果能做到这一点，那不仅是聊天很顺利，还会收到"这个人真不错""真能干"等高度的评价。不管是工作还是恋爱都会很顺利。

不要削弱对方的情绪！

技巧

☺ 如果对方说："我预约了 XX 演出，买到了第三排的票呢。"那么……

× "我前不久看了吉本的喜剧表演。"

○ "我虽然加入了喜欢的歌手的歌迷会，但是也没拿到过这么前排的演唱会门票。"

8

要留意对方"想说的话""未能说出的话"

你问的问题是否太离谱？

再给大家举一个自顾自地说话，结果很糟糕的例子。

"我跟妻子的第一次旅行就是去的金泽，时隔 30 年再去，却发现到处都是外国人，真是没有旅行的心情了。"

"哦，哪个国家的人比较多啊？"

就这样，对方的话越来越少，很快结束了谈话。倾听者还以为这只是偶然，完全没意识到这其中的原因。

这个倾听者自以为"认真听了对方的话"，但这充其量是只听了自己想听的话而已。**会倾听指的是能听到对方希望被听到的内容。**

很有可能这个说话者希望被听到的内容是"我跟妻子的第一次旅行就是去的金泽，时隔 30 年又去了一次"。

当时的场合，应该是问一个回忆性的问题：**"真是遗憾啊！不过心情还是回到了 30 年前吧？"**

说话者可能想说的是"金泽还是老样子，不过我们的体型全变了"。

🫢 如果用这种倾听方式，那对销售人员来说是致命的

有一个年轻的销售人员跟我说，他上司的倾听方式就好像他在说单口相声一样。他向上司做了如下的汇报。

"从前辈那里交接过来的 C 花名册里的 XX 公司，已经商定好了会订购建材。没有放弃 C 花名册，继续跟他们往来看来是没错的。"

"哟，很走运呀！预算大概是多少？"

C 花名册指的是期待最低的客户名单，说得更直白一些就是废弃名单。跟这里面的客户签单是最困难的业务。这不是走运，而是凭借他的努力和才干实现的。

他汇报的时候，以为上司会很高兴地说："从 C 花名册里签单啦，你真是个销售天才呀！怎么做到的？"

看着他沮丧地说"世界就是这个样子的"，感觉很可怜。

这个上司应该还认为"我在听你说话呀"。他完全没有注意到他正在打击一个年轻职员的积极性，这也给社会造成了损失。

人们都只是听自己想听的话，这是事实。

真正的倾听高手，不只是听到了说话者刚才说得简单易懂的话语，**还会分辨出说话者的表情、语调，察觉到**

"对方看起来应该还有话要说"。然后再深入地倾听。

所以他们才能在销售场合发现客户的需求，在相亲场合抓住意中人的情绪。

弄清说话者"最希望被听到的是什么"，再提问吧！

☺ 如果对方说："今年这样的天气一直持续，樱花的花期长，我都已经去看了 5 次樱花了。"那么……
× "我前不久看了吉本的喜剧表演。"
○ "去赏花 5 次了！太羡慕你了。"

9

3 人以上的聊天中，
创造说话时机的方法

😊 吃惊的时候，大声说："啊——"

经常听到有人有这样的烦恼："我光听人说话，自己说不上话。"这个原因其实很明显。

反应太小了！仅此而已。因为声音小、动作幅度小，情感传递不出去，所以无法加入到聊天里。实际上，反应平淡的人，在在场的其他人看来，就是没有加入聊天的感觉。

特别是 3 人以上聊天的时候，如果不做出大一点的反应，你就很难加入进对话！

有人说："前些天，我长这么大第一次体验了鬼压床。"**那么就大声说"啊——"来表现你的吃惊吧！**

在你说"啊——"的时候，其他人一般都会不插话，会在那里等着。充分利用这个时间，你就也能说上话了。

"有其他人的动静吗？"
你可以这样提问。

**"那个只有耳朵能听见，
但身体完全动不了。"**你也可
以在不改变话题走向的范围

内，插入自己的话了。

还可以使用前面教大家的表达出感想的方法。加入**"太——可怕——了""要是我的话应该吓坏了""有啊！真的有鬼故事"这样的话**，那其他人会注视着你而沉默了。

说话权就到你手里了。

反应小的人有时候会被评价为"倾听高手"，这不是一种称赞，把它当成讽刺"你反应平淡，不怎么说话"，是不是更恰当？

想象对方的话，把对方作为想象的中心，让对方在想象中活跃起来，试着把对方说的内容当成自己的事情去感受，这样自然而然就会产生比较大的反应了。试想一下，在睡觉过程中，忽然身体动不了了，感觉到了奇怪的人的气息或者声音。听的过程中，就会大声发出"哇——"的声音了。

请拿出一些勇气，积极地加入对方的话题吧！

试着每次都以 2 倍的音量说出"啊——"

　☺ **创造说话时机的方法**

· 试着用比平时更大的声音表达吃惊。

· 试着询问："当时，是 ×× 的吗？"

· 简单说一下自己的切身体验："我也有过 ×× 的时候。"

· 试着说一说自己的感想。

四、

使回应倍增，甚至引发笑点！

激发 10 倍想象力
的说话方式

与谁都能轻松融洽地聊天！闲聊的 50 个技巧

1

"语速"和"停顿"可以完全改变对方的反应

😃 说话时要让对方容易联想到情境

看过单口相声的人都知道，同一个话题，名人说出来就爆笑，外行说出来一点都不可笑。

这种情况在普通人身上也会经常发生，某个人说的话很容易就进脑子里了，换一个人说同样的话题，总觉得难以理解。

也就是说，虽然话题内容很重要，但是由于说话方式、表达方式不同，向对方传达的内容会有很大不同。

这里藏着说话高手的秘密。

就像前文说过的那样，我们通过想象来表达自己的体验想法感受。**同时，也通过想象去理解和记忆他人的话。如果对方说："我前几天去了东京晴空塔。"你应该一边听一边在脑海中浮现对方去晴空塔的样子。**

当你意识到说话和倾听就该是这样的时候，你就已经成了说话高手。一旦明白了"对方会把自己说的话在脑海中想象"，就会有意识地"把话说得容易想象一些"。

说出来的话，要能让对方容易想象。如果能意识到

这一点再去说话，那你就一定能让倾听者感动或者大笑
起来。

即使反应有些不好，也不要着急往下说。

🙂 对方的反应很平淡的情况

× 为了让他能享受这段对话，就不断地往下说。

○ 留意是不是已经填满了对方的想象空间，放慢
交谈的节奏。

2

不要一口气说完，要拆分场景

😊 若信息量过大，话题就进行不下去了

倾听者是一边听一边在脑海中逐一想象你说的话。因此，如果不考虑倾听者的处境，就兀自传递自己的体验和情感，是行不通的。

此处，我把"倾听者听到你的话之后，想象出那个场景（场面）"叫作"映像"。

例如，"前不久我去了东京晴空塔没提前买票结果造成了排队 2 小时的窘境等到了展望台腿已经成棒子了。"

没有加标点符号，是为了表现说话者一口气说完的样子。

这段话里包含了"前不久我去了东京晴空塔""没提前买票""结果造成了排队 2 小时的窘境""等到了展望台腿已经成棒子了"这 4 个场景。

说话者因为说的是自己的事情，（映像）很容易就在脑海里浮现。但是，对于倾听者来说，则是刚听到这个话题，想象出来既费时又费力。

向对方传递信息的说话方式

> 说话的内容要具体，用能想象的方式说话

✗ 一个接一个地说出容易理解的话题。

⭕ 原则上一次只说一件事或者一个场景。

> 适当停顿让对方展开想象

✗ 一口气把想说的话说完。

⭕ 在开始说话前等 2 秒左右，注意用停顿的方式。

> 确认对方是不是懂了

✗ 为了不失礼，将视线移开。

⭕ 一边眼神交流一边说话。

> **要点：** 划分场景，适当停顿，对方就能很顺利地跟上话题。

🥉 说话的场景最多 2 个

在此，请记住一个要点。**倾听者一边听你说话一边在脑海里浮现的场景最多只能有 2 个。**

"前不久我去了东京晴空塔，没提前买票。"这已经是极限了。

当然，如果倾听者注意力高度集中地听你说话，那另当别论。不过几乎不会有这样的人。人们都是有点漫不经心地在听人说话。

所以，我认为，一次性把"前不久我去了东京晴空塔""没提前买票""结果造成了排队 2 小时的窘境""等到了展望台腿已经成棒子了"这 4 个场景抛出来，其实是在给倾听者添麻烦。

不会说话的人无法把内容传递出去，其实也是这个原因，这么说没错吧！

那么对于不善言辞的人来说，先试着一边说话，一边确认对方是否已经把自己的话想象出来了。

也就是说，仔细看着对方说话。越是不善言辞的人，在说话的时候往往移开视线不看对方，自顾自地说。这其实不是在跟对方说话。

☺ 试着在说话的时候空出 2 秒

那么，应该怎么说话才对呢？

说出来的话应该能让倾听者很好地想象出来。**说出一个场景之后，停顿一下，让对方有时间想象。**

"前不久我去了东京晴空塔。"

"嗯。"

"没提前买票。"

"哦？"

"结果造成了排队 2 小时的窘境。"

"哎呀！"

"等到了展望台腿已经成棒子了。"

"呀——太可怜了。"

停顿时间，在开始的时候多留一些，大概是 2 秒。这样倾听者就能给出回应。

先少说一点，对方给出回应，再少说一点，对方再给出回应。这样有意识地造成一来一回的场面，对话就有了节奏。

凡是有过当对方不存在一样，不停顿地一口气说完话的体验的人，从现在开始请挑战上述说话方式吧。

有个学生深有体会地说："我闲聊的时候，总觉得有种自说自话的气氛。原来是因为我的说话方式不对啊！"

☺ 做得好的销售，都会让客户做出回应

做销售的人里有很多口若悬河一直能说下去的人。他们似乎确实是在说话方面很有自信，不过让人意外的是，这一类销售员的业绩并不好。

究其原因，是因为他们没有把说话的内容传达给客户。虽然很多情况下客户看起来是在"嗯、嗯"地回应，但是中途已经跟不上话题了。

请你一边做说明，一边看着客户的脸，确认自己的话是否很好地传达出去了。这肯定能带来更好的业绩。

把话题切成短段，让倾听者给出回应。即使这么解释，恐怕还有一些人对这种与之前完全不一样的说话方式感到疑惑吧？

先跟能给出较好反应的人练习练习吧！

你先断句说："昨天下雨我却没带伞。"然后看着对方的脸，对方肯定会回应"嗯"或者"啊"吧。这样就产生了短句间的一来一回，你应该就能理解说话节奏了。偶尔对方也会插一些话，你甚至能从中找到好的突破口。

这世上肯定有不能给出较好反应的人。即使对方的反应不好或者对方并没有给出回应，你把话语切短，也会提高话语被理解的程度。首先要做的就只是去挑战自己。

"2秒左右的停顿"，刺激对方的想象力！

在客户那里破冰时

× 把想说的话一口气说完

你："最近天气变暖了呀。其实我的老家在北海道札幌，到现在我还记得，3年前来东京的时候，惊讶于3月的东京竟然这么暖和。"

对方："哦。"

你："那个……"

○ 适当停顿，一边等待对方的反应，一边说话

你："最近天气变暖了呀。"（→等待2秒）

对方："是呀！"

你："其实我的老家在北海道札幌。"（→等待2秒）

对方："哦？"

你："3年前来的东京。"（→等待2秒）

对方："哦，是这样啊！"

你："是的。好不容易才习惯了东京的生活。"（→等待2秒）

对方："那很好啊！"

你："那时候刚来，有件令我吃惊的事儿。"（→等待2秒）

技巧

对方："什么事儿？"

你："我当时就想，3月的东京竟然这么暖和！"

对方："确实是。札幌的3月有多冷啊？"

你："还是跟冰箱差不多的温度。"

对方："是吗？"

你："是的。不过在札幌的时候，即使是那样还是能感受到春天的。"

对方："哦，是吗？"

你："因为在那之前都是像在冰箱里度过的一样。"

对方："总比那样强呀！哈哈哈。"（→**破冰成功**）

3

通过"停顿",使场面逐渐热络起来

😃 倾听者也一起高兴起来

读者当中应该有人持有这样的疑问："留出间隔，让对方回应，有什么作用呢？"

停顿和回应在对话里穿插，这是使双方相互增进感情的必不可少的要素，所以我把它们放在一起仔细讲解一下。

"上周，我去了一家法国餐厅吃饭。"

"嗯。"

"看到写菜单的黑板，我吃了一惊！"

"哦？"

"上面写着'窒息而死的鸭子'。"

"那是什么？"

"我想着有必要特意这么写吗？就问了主厨。"

"嗯。"

"他说这是沙朗鸭，窒息而死会更好吃。"

"啊！"

说话不是意思传达了就结

后背发凉……

束了，而是要把说话者的所见、所闻、所感，尽量原封不动地让倾听者也感受到。

听到"去法国餐厅"的倾听者，在脑海里描绘就好像自己也去了法国餐厅一样的映像。

接着脑海里浮现的是写着菜单的黑板。随着故事的进展，就像在看电视一样看到了"窒息而死的鸭子"的文字，于是情绪激动起来。

这样一来，说话者和倾听者想的是同样的场景，就可以继续聊下去。

在倾听者的想象中，看到黑板上写着"窒息而死的鸭子"，与说话者同样感到惊讶，就来了兴趣。这二人已经在同一个法国餐厅里，看到同样的内容，体会同样的心情了。

也就是产生了一体感，说话的速度就可以加快，没有必要慢慢悠悠地说了。

正因为如此，才有必要在刚开始的时候慢点说，留出足够的间隔，把倾听者召唤到说话者所描述的场景中。

"上周，我去了一家法国餐厅吃饭。"

"嗯。"

这个对话的过程，请当成这种感觉的一组对话——"我正说话的场景是这种感觉的，怎么样？""嗯，我也浮现出同样的场景了。请你继续说。"

互相认识的人说一些知道的话题应该简单一些，不需要费劲地描绘映像。一说"科长"，对方脑海里立刻浮现出科长的脸。但是，如果说的是对方不知道的话题，那就需要慢下来耐心地推进话题。

有的人是只要把意思传递给对方就可以了，有的人是尽量把自己的感受也同样传递出去。这就是不善言辞的人和说话高手之间的差别吧！

能让对方有一体感的人，更加会让对方产生好感，这一点肯定没错。这种表达方式请一定要掌握！

通过拆分场景，让对方把每一个场景更加真实地想象出来。

× 一口气说完的情况

你："前几天去了新开的 ×× 书店，现在又想去了。灯光很舒适，就像咖啡厅一样。而且还播放着爵士乐，不知不觉在那待了很长时间，还买了很多书。"

对方："这样啊！"

你："嗯，是的。"（→没有几秒钟对话就结束了）

○ 留出间隔的情况

你："前几天去了新开的 ×× 书店。"（→等待2秒）

对方："哦。"

你："现在又想去了。"（→等待2秒）

对方："为什么呢？"

你："灯光很舒适，就像咖啡厅一样。"（→等待2秒）

对方："这样啊！"

你："而且还播放着爵士乐，很有感觉。"（→扩展想象）

对方："嗯，氛围很不错呢！"

你："还到处放着时尚的杂货和点心呢！"

对方："不会吧？想去看看呢！"

你："是的。简直就像街边很时尚的咖啡店一样！"

对方："在这个城市就能享受到？"

你："是的。我忍不住在店里的咖啡角点了一杯咖啡。"

对方："应该这样！"

你："嗯，因此……"（→聊一聊待了很长时间和选书的话题等，还可以继续聊下去）

4

如果双方"同频"，就可以愉快地交谈

 丰富的想象会让说话的内容更充实

如果双方能同频地开始说话，那倾听者也容易加入到谈话中来。

说完"据说是沙朗鸭，窒息而死更好吃"，停顿一下，倾听者富有感情地说"啊"之后，也能插话说："但也不想被告知死因呀！再怎么说好吃也不想吃了。"

正是因为停顿，才产生了对话。这是能让闲聊进一步展开的原动力。

到目前为止，我们讲的都是以现实生活中发生的事情作为谈话中心的情况，**随着想象的扩展，对话会更进一步展开。**

试着假想一下："死亡原因很重要的只有鸭子吗？"那么，就会产生这样的对话。

"感冒恶化而死的猪呢？"

"太恶心了！"

"但是，如果店里的人对你说'这是在奈良因交通事故而死的鹿'，也很难下咽吧？"

"确实是。"

"相比之一，我还是希望只写鸭子的死因。"

"还真是！"

就是这种感觉。两个人的想象力相辅相成，传递的是聊天不断扩展的感觉。只会用事实聊天的人，和能够像这样天马行空聊天的人相比，其趣味性和丰富性有着天壤之别。

请注意给对方留出间隔，把对方召唤进聊天里来。你简短地说几句之后，要停顿一下，对方在回应的同时，偶尔也会说出感想。

这样的对话才能使闲聊不断展开。

听一些不善言辞的人说话，就有一种感觉，他们好像错误地认为，只凭一个话题，就能让聊天热络起来。这些人说话时中间停顿很少，没有给对方留插话余地。所以他们说完话的时刻就是聊天结束之时。对方只能回一句"是这样啊"，然后就是沉默了。

通过停顿进行对话，共享同样的想象，能让谈话热络起来。请时刻注意这些事情，试着进行交谈吧！

一开始不要太快，试着适当停顿一下。

技巧

"男朋友的求婚实在是太拙劣了，他说：'如果是你的话，应该能和我母亲合得来。'"

此处停顿一下，让倾听者调动想象力。

"好像他给他母亲留了家门钥匙。""回到家后会看到他母亲自己进来，正坐在那吃橘子呢。"像这样，想象越丰富，谈话就会越有趣。

5

一边与对方进行眼神
交流，一边交谈

☺ **对方是不是很有兴致呢？**

聊天的另一个重要因素，就是眼神交流和表情。

拿出勇气把句子切短，留出间隔，同时，请仔细看着对方的脸，通过眼神交流把信息传递过去。令人觉得不可思议的是，如果看着对方的脸说话，你所描述的场景，能更好地传递给对方。

而且，看着对方的表情，就立刻能知道自己描述的场景有没有传达给对方。

对方如果明白了，就会直视你，然后点头。这是话语传递成功的信号。

"昨天去拜访一个很久没见的老客户，不知不觉间很多人都已经离职了，认识我的人已经很少了，感觉很慌张。"

当你在说这些话的时候，**如果对方没能很好地做出想象，他的目光是游离的。**

这是还在思考，还比较混乱的信号。似乎是在点头，态度又比较含糊。**遇到这种情况时，就先不要往下说，应**

该确认一下对方是否听懂"。

忽视对方存在的说话者，很容易忽略这个信号继续往下说。因此，应该完全传递不了自己说话的内容。

更进一步，如果有余力，也试着加上表情变化。

例如，当你在说"昨天去拜访一个很久没见的老客户"的时候，如果你阴沉着脸，用无精打采的声音说出来的话，倾听者应该瞬间就能预测到聊天的走向："什么糟糕的事情发生了。"

像这样用表情或者语调，把说话的内容传递给倾听者，给出的信息量比语言要强几倍，所以对方很自然地就容易理解了。所以，说话高手的话就非常容易理解。

假设以下这些话，被一个人面无表情地说出来，你觉得会如何呢？

"昨天去拜访一个很久没见的老客户，不知不觉间很多人都已经离职了，认识我的人已经很少了。我想方设法粘着他们，才拿到了订单。"

倾听者听到最后，努力理解着说话内容，终于意识到"这人说的是件好事儿"。这样倾听者也会消耗能量。

说话高手除了语言之外，会利用很多种交流手段，努力让倾听者容易产生映像。不知道这一点我说清楚了没有。

首先，通过眼神交流来传递说话内容，同时试着用表情配合自己要表达的内容。做到这些，你说的话就比现在强几倍地传达给对方了。

技巧

为了确认对方的理解程度，要牢牢地看着对方的眼睛说话。

不要忽略对方面无表情、目光游离的瞬间！

尽早发现这些蛛丝马迹，并改变说话方式，对方也能很有兴致地聊天。

6

很有人气的话题——
"愤怒"

😮 反应迟钝的丈夫的这般言论！

越来越会说话之后，你就能把具体的映像传达出去。

这样一来，你就可以逐渐把与你所感受到的很相近的情绪，也传递给对方。

"我老公有时候有点不能体会他人的心情，真让人生气呀。"

"是吗？"

"前几天，我在电话里告诉他，今天我发烧了，正在睡觉。"

"嗯。"

"他跟我说：'是吗？那晚饭做得简单点就行了。'"

"这是很让人生气啊！"

人们在听话的时候，会把对方说话的内容想象成是自己亲历一般。然后在此基础上，体会当时对方的心情。

发烧了在睡觉，这是很难受的，对方不应该说些安慰的话吗？

竟然说"那晚饭做得简单点就行了"！别开玩笑了，

你自己做吧！

　　像这样把映像一个一个拼凑起来，确切地把握说话者的情况，一直听到最后一句话，就能体会与说话者完全相同的心情。只有在双方的心情同频了之后，才能说明说话内容被传达出去了。

　　同样地，如果一口气说完："我老公有时候有点不能体会他人的心情。前几天，我在电话里告诉他，今天我发烧了，正在睡觉……"对方在理解这段话时已经筋疲力尽了，就不能充分体会你的气愤了。

　　虽然倾听者过后会渐渐地感受那个心情，但那时话题已经过去了，所以已经是马后炮了。

　　有些人总觉得不知所措，虽然是很好的话题，但却传递不出来。那么如果掌握了这种说法方式——再慢一点让对方一个一个地想象出来，对方的反应应该也会不同。

　　心情同频了之后，对方也容易加入对话中，也更容易提问。就像下面这样。

　　"啊，那你做晚饭了吗？"

　　"他至少说一句安慰的话了吗？"

　　"从今晚开始给你老公的饭里多加盐吧！"

　　下次闲聊的时候，有意识地让对方感受到你的心情吧！我保证那将会是与以往完全不同的对话。

撼动对方的情感，让他有切身感受的说话方法。

☺ 在最能撼动对方情感的关键时刻，多停顿一会

"前不久，在满员电车里，我前面站着一位女士。
（→稍作停顿）

在拐弯处，急刹车的时候，（→稍作停顿）

她的高跟鞋砸在我脚上！（→等待3秒左右）

'好疼！'（→等待2秒左右）

而那个女人（→一定要留出间隔）

回过头，狠狠地盯着我。"

7

使人发笑的"抖包袱的说话方式"

😊 在对方跟上节奏之前，有所保留地说

善于引人发笑的人，同样具备很强的激发他人的想象力的能力。

"前几天，去参加了一个心灵讲座。"

"哦？"

"我对那里的老师说自己不善言辞，害怕见生人，很烦恼。"

"嗯。"

"那个老师说一见到我，就有这种感觉。"

"嗯。"

"他说我来地球没多久。"

"啊——"

"好像是说我的灵魂来到地球，才一百万年呢。"

"哇哦！"

这是一个学生讲的真实事件。我想那个心灵老师是认真的，不过当成一个聊天的话题说起来，实在是太有意思了。

留出对方进行想象的时间，看到对方准备好以后，再说出要抖的包袱："他说我来地球没多久。"

这样一来，一下子解除了对方刚才正在想"他会说什么话呢"的紧张感，爆笑起来。

如果把这段话一口气说完："前不久，去参加了一个心灵讲座。我对那里的老师说自己不善言辞、害怕见生人，很烦恼……"倾听者就会听整个故事，没有时间去体会那个情景和感受，也不会笑出来。最多给一个"啊"的反馈。

虽然在前文说过了，不善言辞的人，即使有一个很好的话题，也会因为自己的表达方式而吃亏。因为这一点非常重要，所以反复强调。**传递一个映像，留出间隔让对方想象，然后再往下进行。请一定要掌握这种感觉。**它能使一个平淡无奇的话题摇身一变成为一个愉快又很有意思的话题，也能使你一下子跻身说话高手的行列。

适当的"停顿"，能让想象更加丰富。

技巧

"前几天，被我们公司的第一大美女叫过去了。她一脸认真地对我说：'一直想跟你说……'（停顿）你是不是用了我的杯子？"

掌握了这种停顿的方法，总能引起爆笑哟！

8

作为倾听者，该如何通过回应控制聊天节奏

😊 控制好节奏，就能愉快地聊天

前面讲过，通过停顿，说话者就能有意识地让倾听者给出回应。这是因为给了倾听者时间去想象。

反过来，如果你是倾听者，你有意识地缓慢地给予回应的话，说话者此时会自然地沉默，从而产生好的停顿。倾听高手能造就说话高手。

"我弟弟 49 岁结的婚。"

"哎呀！"

"而且是奉子成婚。"

"啊——"

"这可是我的第一个侄子。"

"这样啊！"

"在 56 岁的我看来，他就像孙子一样。"

"确实是这样！"

"哎呀，非常可爱呢！"

"肯定很可爱！"

通过倾听者稳定的回应，聊天产生了很好的节奏。

在说"而且是奉子成婚"的时候，说话者肯定很期待倾听者吃惊地回应。

如果当时只是没有感情地回应一个"哦"，那说话者就该窝心了。作为倾听者请一定紧跟说话者的映像。这样就能明白（对方的）心情。

如果是你的弟弟在49岁奉子成婚，你会是什么心情呢？应该不会很冷静吧。虽然会有人说："我才20多岁，理解不了。"如果发挥想象力，这种心情并不难理解。

深刻体会到这种心情之后，**如果能惊讶地说出"啊——"，那会不断激发说话者的想象力，进而想出很多事情，有可能就会告诉你令人震惊的事实。**

如果你是一个说话高手，就应该能明白，倾听者很大的反应能给自己带来多么大的勇气和想象吧！并且，你应该也意识到了，当自己不善言辞时，与想象相比，倾听者的作用要重要百倍呢！

如果说话者留出了"间隔"，那就给他回应吧！

技巧

- 如果对方说话太快，很难回应的话，那就先幅度很大地点头吧！
- 场面很热络的时候，牢牢植入情感，给出强烈的回应。

9

如此上心，希望下次还能与你聊天

👤 "说话高手"与"自吹自擂"的区别

交流能力，因其标准比较含糊，所以是一种很难评判的能力。所以有很多人都认为自己是一个"很会说话的人"，这也是没有办法的事情。

"哦，你是（教）说话方式的老师吗？我在说话方面很有自信，能持续说上好几个小时。"

这样自信满满的人，我在夜店里遇见过几次。但这些人里没有一位是真正的说话高手。有好几次都是还没聊几分钟，我的心情就变得沉重起来。

我私底下不叫这类人为说话高手，而叫"自吹自擂"。

为什么自吹自擂的人说话没意思呢？因为在他们眼里完全看不到对方的存在。

他们想到什么就说什么，完全不管对方是不是喜欢听这些内容，只是没完没了地说想到的话。

没有停顿，连珠炮似的说。话题也很难快速展开，倾听者只能在那里忍耐着等待他说完。还说什么能连续说一晚上不停，这简直是上刑。

他不去确认是否将信息传达给对方了，对方是否感兴趣，就一直说，可以说这是谁都能做到的简单的事情。对他们来说，并不觉得跟反应不好的人说话是辛苦的。他们不把对方放在眼里，所以并不在意。

这些人现在还在公司或者小酒馆里，找一个老实人，满足自己显摆的欲望吧！今天也会有牺牲者在某个地方打哈欠忍着吧！

真正的说话高手，虽然能愉快地聊天，但却会说："说话确实很难呀。"

对于他们来说，只有完整地向对方表达，让对方愉快，才是最重要的课题。

他们会很用心地考虑，怎么说能让对方明白，怎么做能让对方开心，在说话过程中，不能只是简单地说出来。

更何况，对方并不全是很会沟通的人，要预想到有些人反应不好，感受力差，在这基础上说话"很难"。这些人如此用心地说话，真的很让人愉快。

希望大家都能以成为关心对方的真正的说话高手为目标。

一边交谈一边确认对方是否乐在其中。

☺ **从以下几方面确认**

□ 对方是不是变得没有表情了?

□ 对方的后背是不是牢牢地靠在了椅背上了?

□ 对方反应是不是变得很小了?

□ 对方的提问是不是几乎没有了?

□ 时间是不是过得很快?

(→扪心自问,是不是只有自己乐在其中?)

五、

准备话题很简单!

谁都能被 100% 吸引
的是"切身体验"

与谁都能轻松融洽地聊天! 闲聊的 50 个技巧

1

试着做不必要的事情，
会引出有趣的话题

便利店的商品也能成为话题

我认为话题还是要靠自己切身去感受。只有自己看见的、听到的、闻到的、摸到的、尝到的，才能讲述真实的故事。

对于缺少话题的人来说，首先是因为各方面经验不足吧。说到经验，并不是指登上珠穆朗玛峰，悄悄潜入传说中有幽灵出没的废墟这样的事情。

而是指即使看似无用的事情，也要去尝试一下。

例如，在便利店发现一个叫作"一流的人喝的咖啡"的听装咖啡。几乎所有人都会在心里"嘀"一声，然后停留一下吧。但是伸手把它拿进购物篮里的人却很少。

读者朋友们，遇到这种机会，请一定为了谈资去买来尝一尝。于是，话题就开始了。

"你知道'一流的人喝的咖啡'吗？" 就这样简短地说一句。

如果谁说"嗯，我也注意到了"，那你就成了话题的中心了。

你只需说**"特意用了金色的塑料包装,感觉真是一流的人喝的呢"**,说一下自己的感觉以及味道、色彩,然后再说**"一流的人喜欢这个咖啡的哪里呢""我是否接近一流的人了"**,就可以了。

😄 到令人怀念的地方走走看看

如果家或者公司附近有自己没走过的路,就去试着走一走。如果想起自己很久没走过的路,也去走一走。

那么,可能会真实地感受到城市是栩栩如生的,或者有新店出现了,或者道路发生了变化。

我最近也去了一个两年没去过的街道,发现了一家舒适整洁的荞麦面店。那是一个长屋一角改造的店铺。

当然我毫不犹豫地走了进去,里面布置得就像在家里一样。我脱了鞋走进去,然后尽可能地跟店里的人交谈。

于是我了解到,店里只有已经退休的店主和他的夫人,只在白天营业。

还听到了非常好的故事:"店主没想到能在长屋里开店。店主多年来一直叹息在这条街上没有荞麦面店,这才获得了特许。"

我对店主夫人说:"他真是个好丈夫呢!"她小声回答说:"是个怪人呢!"原来如此,所以理解了店名为什么叫"等边（译者注：发音跟'怪'相同）的我"。我的心情变得平和了。

如果手里有了好的话题，建议赶快找个人聊一聊。闲聊这件事情，就是要经过多次尝试，才能逐渐磨炼出来。

突然觉得有兴趣的话，如果是商品买来试一试，如果是店铺进去看一看，如果是队伍去排一排。等它们成为（大众）话题之后就迟了。不要嫌麻烦，不要嫌浪费，那些让你"啊"的事情，让你有热情多管闲事的事情，都是老天赐给你的很好的聊天话题。

技巧

有令你在意的事情，不要错过，立马行动。会有意想不到的发现和美好的邂逅！

☺ 看似无用，其实是有益经验的有……

• 尝一尝酒店两千日元一杯的咖啡
• 偶尔爬一爬 10 层楼
• 去参加一下志愿者的
  活动

这，这就是一千日元的咖啡……

2

用小故事讲述自己是怎样的人

☺ 先了解自己的特点

闲聊是与人维持友谊、发展良好关系的工具。因此，不管说了多少话，如果双方的距离没有拉近，就没有意义。

在销售中，有的人虽然闲聊了，但却没有获得订单。在约会时，有的人虽然对聊天很有自信，但却没有下一次约会，有的人虽然交往了，却没有到结婚那一步，其中一个原因就是没有进行很好的闲聊。

如果深究交流能力这个词的话，我认为应该既是"了解对方的能力"，也是"表达自我的能力"。**了解对方的能力不正是倾听的能力，而表达自我的能力不正是说话的能力。**

说到闲聊，我认为就是了解"我是什么样的人""你是什么样的人"的场合。正是因为彼此了解，才产生了亲近感。

你知道自己是什么样的人吗？

"怕热还是怕冷？""踏实还是急脾气？""是否耐得住寂寞？""很显眼还是没有存在感？"等等。

如果你偶然发现了自己的很细微的一方面，一定不要放过。如果你能感受到"啊！我原来有这样的一面"，赶快随手记到记事本或者手机备忘录里。

这样一来，你就能收集到很多话题，从一个不会说话的人变成一个有趣的人。

❸ 为聊天准备一些小故事

如果你觉得自己是"没有存在感的人"，那么有意识地用具体的小故事来说明这一点吧。只听你说"我是个没有存在感的人"，对方很难留下印象。

如果你能讲一段小故事，对方就可以清楚地了解你是什么样的人。

例如，"我是一个很没有存在感的人。明明我就在电梯里，但旁边的人会开始说我的闲话。听到被人说'那个人真是不怎么说话呢'，我简直无处藏身了，真想变成一面墙。"

如果能用这样的小故事来表达的话，对方就能很好

地想象那个场面，肯定会对你留下深刻的印象。

像这样把对方所不知道的你的另一面讲给他听，对方就会又多喜欢你一点。那么，客户就能记住你的名字，相亲对象就能对你产生好感。只有这样的闲聊才有意义。

😮 模棱两可的说话方式不可行

不善言辞的人，对给自己下定义会感到很恐慌。"要是我说了自己是一个没有存在感的人，对方会不会被认为我这个人不行，而讨厌我呢？"种种不安的感觉抢先冒出来，很多时候好不容易想到这么好的话题却没有说出来，聊天就结束了。

并且，当被问"你是一个忍耐力强的人吗"时，你回答"有时候很能忍，也有时候感到耐心不足"，这种模棱两可的回答，会让对方很失望。

这种模棱两可的说话方式最不好的地方是，不能用小故事说明。没有一件事是"有时候很能忍，也有时候感到耐心不足"的吧！太复杂了。

遇到这种情况，你要试着站到一个极端。明确一下，是很能忍，还是耐心不足，这样就能讲出一个非常好的小故事哟。

不炫耀的人是闲聊高手

这里有一个特别注意的要点！闲聊一定不要炫耀。

"我很热衷于研究，每天早起都要浏览一遍行业内的最新消息""我对待下级很平等，下级都很信任我""我很能理解孩子们的心情，激发他们的干劲"，这样的话，谁想听啊？

人们想听的是你的不足之处。听到别人的不足之处，对方会从自己的自卑感中解脱出来，从而对你产生一种安心的感觉。不自觉地炫耀的人，不会被人喜欢，与同事关系也不好。这一点请务必铭记在心！

技巧

敞开心扉，对方也会感到亲切。

"我性格腼腆，找零没找够也不会说出来，不过多找了我同样也不会说。"

3

试着说一些"周围人"的小故事

以天然系的人为题材

某个和我有工作关系的人问我："在您学校做接待的那位，是不是有点天然系？"这种时候，如果能以周围人为话题聊天的话，你也就能跻身说话高手的行列了。

对于刚才那个问题，我是这么回答的。

"那是山田女士。嗯，她是纯度非常高的天然呢！有一次她接起电话之后，一脸认真地看着我说：'老师，是经营不振（日文发音：kei-e-fu-shin）公司打来的电话。'我一边想没有这么一家公司呀，一边不安地接起电话，对方说：'承蒙关照，这里是KFC（日文发音：kei-efu-shi）'。怎么就听成了经营不振！我训斥她：'要认真听呀！'"

如果只说"她经常听错，是纯度非常高的天然呢"，就表现不出来她那种天然呆的样子。再怎么说明情况，对方也不会对她的天然状态有什么具体印象。但是，如果有小故事，那对方就能很清楚地了解她天然的程度了。

"把KFC听成了经营不振！这可真是天然得可怕啊！"对方应该一听就能明白了。接下来的聊天也会很起劲吧!

高明地介绍自己的男朋友

被问道:"你男朋友是个什么样的人啊?"如果只是回答"是个善良的人",对方很难想象出来,而且也不会有什么亲切感。如果是自己的父母这么问,那更是希望自己的男朋友能给他们留下好印象了。

"他很善良。在车站的楼梯上,看到有妈妈拉婴儿车上楼梯,就会去帮忙,把婴儿交给那个妈妈,帮她把婴儿车抬上去。"

这样一来,你男朋友就会给你父母留下了好印象。他们也不会反对你们交往了,聊天也聊起来了,可以说是一石二鸟。

向客户介绍自己的接班人

向客户介绍自己的接班人时也是一样。特别是销售的交接,很有可能接班人不在场。这种时候即使你说"接班人是个热心的男士,请您放心",仅凭这句话,不会给人留下印象。

"如果客户遇到困难,即使是非本专业的事情,他也会去研究,甚至连网络广告也不放过,最后给出建议。他

深受客户喜爱，所以请您放心。"

如果你这么说，客户的负责人就会对接班人留下好印象，即使接班人自己去拜访，也会很顺利地进入工作状态。

顺便奚落一句"他可不受女性欢迎"，会非常有效地进一步产生亲近感。这样更容易让他人记住这位工作能力很强的接班人了吧！

那么，你的夫人是个什么样的人呢？你的丈夫、上司、朋友又是什么样的人呢？提前准备一些关于他们的能向其他人讲述的小故事吧！不仅是找到了话题，连人际关系也会逐渐扩展的。

介绍人物的时候，试着加入一些小故事。

技巧

☺ 向朋友介绍妻子时

"我老婆真的不会看地图，她总认为自己已经走出地图的范围，然后就迷路了。"

☺ 跟朋友聊上司时

"我们课长做事一丝不苟，真让人头疼。电脑和文件都完美地平行放在桌子上。"

4

多与他人接触，才能找到"拿手的话题"

😊 从小小的善意出发，产生了自有话题

话题少的人，难道不是因为平时跟人接触很少吗？所以没有什么突发事件，也不会遇到什么刺激的事情，也不会产生能对人说的小故事吧。

我们公司的人，都很爱管闲事。

在电车里给上了年纪的人让座是理所当然的事情。即使是这类事情也会不时地发生一段小故事，如果再加上多管闲事，就会发生很多事件。

有一天，我的部下，一个叫梶村的女士，在电车里特意走过去跟站在不远处的一位刚步入老年的女士打招呼。

她把包放在自己的座位上，走过去指着自己的座位温柔地问："你要不要坐那个座位呢？"那个人极其冷淡地回答说："我身体还健康着呢，用不着。"她一边笑一边回到座位，说："要是不说这话就好了。"

有过这样的经历，多数人就不愿意给老年人让座了吧？

没过一会儿，那位女士走过来——

"我一直登山，腿非常结实。你摸摸看。"

说着，就把腿肚子朝向我们。

梶村只是象征性地摸了一下，客气地说了一句："真的！有在锻炼呢！"仅仅是这样就已经很有趣了，但是，第二天，梶村在药店排队结账的时候，有人从后面戳了她一下，她回头一看发现竟然是昨天那位女士！

"碗面在哪儿卖来着？"

于是，俩人又聊了一会儿。那个人好像是住在附近。这是个很有意思的话题吧？这个话题走到哪儿都是很受欢迎的，成了梶村的一个自有话题。

话题是存在于人与人之间的。一味地避开人的话，就不会产生有趣的话题。

近来社会上有些人喜欢戴口罩把脸遮住，不与他人同乘电梯，拒绝与人接触。这样就很难找到生动的话题了。

与近邻打招呼，如果有能够积极聊天的素材，比如对方带着孩子，那就试着聊一聊。遇到有困难的人上去帮把手。别忘了只有以这种姿态面对生活才能产生生动的话题。

任何人都有让人意外的一面！

技巧

在街上遇到抱着婴儿的母亲，问她："好可爱呀！几岁啦？"我没想到婴儿竟伸出一根手指表示"1岁"。据妈妈说，是因为经常被邻居问，所以就教了孩子"一项技能"。这样就发现了一个有趣的话题。

碰到当事人可以试着
问一问"传闻是真的吗"

🔲 问一问当事人关于父亲节、母亲节的事情

世上有种东西叫传闻。

父亲节礼物费是母亲节礼物的一半；结婚前十分可爱的妻子，结婚后变得可怕，生孩子之后更是变成了魔鬼妻子；有些人一发烧就请假；只需要 5 秒钟就挑选一个情人节的"人情巧克力"（译者注：日本女性有在情人节赠送给公司上司或同事巧克力的习俗）。

在网上或是通过人们口口相传而散布的这些传闻。如果碰到了当事人，你一定要把这些传闻作为话题，弄清楚事情的真伪。

这个话题就可以变成你的特有话题了。

临近父亲节的时候，可以尝试问问不同的人："你给父亲准备父亲节礼物了吗？"多数人会回答："准备了。"

此时不失时机地问一问：**"跟母亲节相比，父亲节礼物费要少一些吗？还是一样？"**应该会听到很多有趣的回答。

"给父亲送礼物，他一点也不欢喜，也不使用，真是

没价值呀！跟母亲一起去挑礼物，她特别高兴，所以我也特别起劲儿。"

也会遇到这样可悲的故事——哎！父亲明明是高兴的，却摆出这样的态度。表达出了男性可悲的天性。这也能变成出色的话题。

顺便也试着跟父亲本人聊一聊吧。

"父亲节收到礼物了吗？"
"跟母亲节相比，感觉到什么不同了吗？"

于是就能听到每个人不同的小故事，会惊讶，会感动。你应该会觉得人真的是有趣啊！

③ 关于群马县、栃木县、茨城县的争执，可以试着问问当事人

我是关西人，对于关东人的感觉不太了解。正好电视里说到了"群马县人、栃木县人、茨城县人相互竞争的意识"，所以在东京做讲座的时候，就跟当事人聊了聊。当然大家都是说些俏皮话，请不要生气，听一听就好。

我问群马县的人："你怎么看栃木县的人？"回答说："我们是照着埼玉县生活的，说实话，眼里根本没有栃木

县。我们都有决心什么时候要去埼玉县闯一闯。"

栃木县的人也说："我们根本没考虑过群马县。从栃木县到群马县也没有路。"这里要交代一下，两县之间的确是有通行的道路的。同时，这两个县的人的话语里都提到了对突然去东京居住会感到惶恐，不敢多想。倒是好像都怀揣着先去埼玉县熟悉一下城市氛围的梦想。

我问栃木县的人：**"栃木也有满员电车吗？"** 对方满脸意外地回答："有呀！"所以又接着问：**"你们的满员电车有多挤呢？"**

于是，他回答："座位全都坐满了，好像有几个人站着。"听到此处，一直旁观的东京人笑喷了，不由得插话说："那是很空的电车吧？"

于是，栃木县人身子向后仰说："啊——"

虽然话题跟电视上一样，但说出来的话完全不同。全是新鲜生动的好话题。我再说一次，这里大家聊天的内容有一半都是开玩笑，是为了使聊天有趣而说的一些小段子。

事后，栃木县的青年从这段聊天中受到了启发，他告诉我："我以栃木县的满员电车为自己的话题，在相亲派对上变得活跃起来，特别受欢迎。"

我为了回馈他们，也说："关西各县跟关东不同，大家都觉得自己是第一。（除大阪以外的）所有关西人从心底里厌恶关西被认为就等于大阪的这种想法。""都认为自己才不像大阪人那么没品位。"

大家有机会遇到京都或者神户的人，可以试着问问："你喜不喜欢被关西这个词给概括了？"肯定能问出有意思的话来。

下次如果在网上发现你比较感兴趣的新闻时，一定要向当事人问一问。我向你保证，不仅当时聊天会聊得很起劲，在那里听到的内容还会成为以后很好的话题。

听到世间的传闻，如果遇到了当事人，试着问一问。

☺这些传闻的真伪如何

· 对广岛人说了"广岛烧"，会被警告。
· 厨师一定会看漫画《美味大挑战》。
· 医生不会去体检。

6

一定要践行天气预报姐姐所说的话

😊 充分利用丰富的四季，能产生话题

对任何人来说都通用的话题，就是天气。说起天气的话题，谁都会回复"是呀"，而且谁都能加入这个话题。

但是，因为有很多人都担心说完"真是个好天气呀"之后无话可说，所以我给大家一个建议，让大家能够利用天气的话题顺利地闲聊起来。

那就是切身去体验四季的变化。

😛 偶尔眺望一下夜空

例如，播报天气新闻的姐姐说："明天将迎来狮子座流星雨的高峰。今晚十点到明天早晨，在东南方向的空中可以观测到横向穿过的流星秀。"**那么当晚一定要看流星秀。**

虽说是流星雨，但也不是立刻就能看到流星。裹在毯子里，一边哈着气一边目不转睛地仰望天空，某一时刻，才能看到夜空中突然出现一道亮光。

那种感动，绝对是日常生活中体验不到的神秘。

正是因为有了那种震撼心灵的体验，才能聊起"昨天看流星雨了吗"的话题。如果你带着兴奋的心情说**"非常漂亮，我看到 5 颗"**，那谁都想听你往下说。

😊 带着爱去观赏樱花、绣球花这样美丽的花朵吧

在樱花的前线消息来临之际，播报天气新闻的姐姐每天都会在新闻里告诉你樱花的开花日期。

不能像事不关己似的听着而已，首先应该先去看一看樱花的花蕾吧。

这样你就可以说：**"粉色的花蕾像要开了一样的感觉。"**

等到花期临近的时候，就要有所行动了，等宣布开花之后就晚了。要早点去找到开了的花拍照。

如果边拿出照片边说："樱花已经开了哟！"大家一定会围上来问："哪儿、哪儿、哪儿？"通过 LINE 或者邮件把照片给特定的人发过去，并配上一句消息："**这是今年第一朵。**"那肯定会让人觉得："他是个风雅的人"，而产生好感。

如果听到绣球花开了，就去绣球花很美的寺庙看一看；七夕的新闻一出来，就去调查一下街头巷尾的长条诗笺上都写着什么样的愿望；盛夏时节，如果得知气温超过 40℃，稍微看一下摇曳的炎阳，感受一下头晕目眩的感觉。

不过，台风来袭的时候就别去田间和堤坝附近了。危险！

中秋明月、红叶、初雪、初冻、梅花，各种消息都要关注，不只限于天气的新闻。你是切身感受着四季生活着吗？如果仅仅通过天气预报和新闻获取知识，是无法进行生动对话的。

从今天起你就拜天气预报的姐姐（哥哥）为师，置身于他们推荐的四季的变化之中。我保证你一定能成为一个谁都会注目的说话者。

⟨3⟩ 为了与人聊天而行动

话题丰富的人，在遇到什么事儿的时候，都会一边想"如果以后要把这个当成话题告诉别人该怎么说"，一边置身于这件事中。

请记住在事情发生的那一刻的感受，"看到了这个景象""是这样的人""是这样的说话方式""是这种声音、气味、触感"等。然后思考和整理一下如何向别人传达这些内容。

于是，你就会有如此丰富的话题，进行富有现场感的聊天了。如果你想变成说话高手，请一定要挑战一下。

天气新闻的姐姐的评论，充满了季节的真实感受和有趣的故事。

如果感兴趣的话，学一学能让你对季节变化有切身体会的"二十四节气"，很有趣！

7 重视与他人不同的观点

😀 **一旦附和别人，就失去了自己有趣的个性**

我在课堂上跟学生们聊天，有一个场景让我觉得非常别扭。

例如，当我问道："请给你今年的活跃度打分，分数范围是从正10分到负10分。"如果第一个人回答"2分"的话，后面的人也会给出类似的回答，"1分""2分""3分"。

大多数人都是给出模棱两可的回答，回答负10分或者正10分的人很少。大家好像很害怕跟别人不一样。这也是学校统一教育模式下的产物吧？

我问他们"吃什么样的早餐"时，如果一个人表达出"吃得很简单"的话，其他人也会说"我跟旁边的人一样简单"。但接着问："那早餐吃了什么呢？"回答却是："面包配咖啡、苹果配酸奶。"

我说："哪里简单了，分明很丰盛嘛。"其本人不知所措。迄今为止，到底听过几百遍"我也是一样"了？我深切地感受到大家是多么惧怕跟别人不一样。

但是，那样的话你的个性就会消失。人们只对跟自己完全不一样的人感兴趣，愿意听他们说话。如果跟别人相同就没有新鲜感。

"每个月去两三次迪士尼乐园"难道不好吗？请一定要毫无保留地告诉我迪士尼的无尽魅力。

"我在家一点家务都不做。妻子说与其做家务，不如多挣点钱回来。"妻子如果觉得好，没有人会有怨言。请一定多赚些钱吧，也请多说说在家不做家务的话题吧。

"虽然才十几岁，但是喜欢红白歌会。""虽然年轻，但一个人去卡拉OK的时候会唱演歌（译者注：一般指带有哀怨情感的日本歌谣）。"

这些事情完全不需要有顾虑。不断地说出来吧！只需你能自信满满地说出来，你就会成为社会的标杆。

"圣诞节在寿司店干杯"这难道不是最棒的吗？圣诞节时法国料理店和意大利料理店都是满座，但是寿司店却是空着的。寿司店的掌柜也会很欢喜的，没准儿会给你一份免费的金枪鱼。有什么不能去的呢？有什么可丢脸的呢？

除了会给别人添麻烦，或者会让别人讨厌的事情之外，请不要害怕，堂堂正正地表现出与别人的不同吧。

这种姿态会提升你的个人魅力。你周围非常优秀的人一定自然地散发着个性吧！好的地方尽管去效仿吧。

与人不同之处是很有趣的。

"我吃蛋包饭的时候，必须从中间的最上方开始吃。"

"我洗澡的时候必须唱 3 首歌。"

六、

与谁都能毫不畏惧地交流!

顺畅地交谈!

提升闲聊能力的
"7 个秘诀"

与谁都能轻松融洽地聊天! 闲聊的 50 个技巧

秘诀①
对对方的话，认真地给出反馈

闲聊有助于心理健康

你有没有想过，究竟为什么闲聊需要一个对象呢？为什么自言自语不能满足呢？

实际上，**我们是无法独自了解自己的心情的**。把自己的体验告诉别人，对方听了之后，会把感受到的共鸣反馈回来。正是反馈回来的信息，才让我们了解了自己的真实感受。

有点复杂吧！我试着举个例子说明一下吧。

一个父亲说："读高中的儿子慰问我说：'爸爸，感冒没事儿吧？'因为他不是个会说这样的话的孩子，我吓了一跳。"听了这话的人给出共鸣："多体贴的儿子呀！你很高兴吧！"

这个父亲终于因此强烈地感受到："自己虽然觉得很惊讶，但实际上是非常高兴"。

模糊的心情变得清晰了吧。就像这样，我们是想感受自己的

我当时是高兴啊！我儿子……

心情，才去找个人说说话的。

这样我们也能理解，愉快的话题要跟不同的人说好多遍的情况了。是因为想再重复回味那种欢乐。

相反地，痛苦的经历跟人说了之后，通过倾诉，把这种情绪消解掉。向别人倾诉"我被科长训斥了"，如果获得"有这种过分的事情""你可真能忍啊"这样的共鸣，你就能放下痛苦的情绪了。

喜悦会加倍，痛苦会减半。所以我们才想找个人聊天。

我们是用这种方式保持心理健康的。所以，闲聊独自一人不行，需要两个人（当然三个人、四个人也可以）。

☺ 对善于倾听的人给予回报

那么，在此我有重要的话要说。我们在说话的时候倾诉心情很是愉快，但这正是因为有聊天的对象才能实现。

因为对方用"嗯""啊""哇"等，表示理解并给予反馈，你才能感受到自己的心情。

如果对方是说话者，你也一定要感受对方的心情，并且把感受到的共鸣反馈给对方。同时也要注意，为了让对方能充分表达他的心情，不要抢话。

对于对方的话，要充分发挥想象力，并把感受到的内容认真反馈给对方。这是闲聊中非常重要的一个原则。

　　善于倾听会得到爱、信赖和亲近。另外，令人没想到的是，通过接触和共鸣，倾听者还能与对方产生联系，这也是一种喜悦。总之，被人喜欢是善于倾听的好处。

　　我认为只有作为倾听者，才能感受到"这才是闲聊的乐趣"！

当对方说"好高兴啊""很痛苦呀"时，才意识到自己的心情。

正是因为有了对方，自己才能感受到幸福，或者放下心中的包袱。
我也要认真地给出反馈！

2

秘诀②
不区分人，尽量搭话

😮 任何人被关心都会很高兴

打声招呼："早上好！哦，你昨天出差不在吧。"这是在任何公司都司空见惯的场景。

你知道吗？这种无心的举动其实有重大的意义。

打招呼就是在告诉对方"我在关心你"。几乎所有人都很在意"大家是否关心自己"。

因此，对向自己打招呼的人，谁都会产生好感和亲切感。

相反，如果有一位虽然在身边，你却不怎么跟他说话的人，那你就相当于在对他说"我对你不关心""对你没兴趣"。

而且，如果只跟特定的人搭话，却没有跟其他人搭话，那也等于在宣布"我在关心你"。

🙂 如果改变接近方式，会有这样的效果！

之所以不打招呼，恐怕是因为这个人有什么不好打招呼之处吧。但是，如果只是因为感觉这个人反应平淡而不好打招呼的话，有以下这种接近方式。

这就是，用有必要的话题来搭话。**"谢谢你昨天发给我的邮件！""销售员带来的土特产你吃了吗？"有目的地搭话。**

谢谢你的邮件

哦，嗯

不擅长沟通的人对于"今天天气不错"这样笼统的招呼不知道该怎么应对。他们不知道说什么才好，所以就出现了那种生硬的态度。

对于这种类型的人，一定要注意不要长时间交谈。如果看出对方为难的态度，趁早说"再见"把他解放了。下次再有机会打招呼，试着来一次简短的对话吧。逐渐就能跟他融洽地进行长一点的对话了。可以说，这是在职场中必须贯彻执行的原则。对越是不擅长聊天的组员，越要打招呼。这样团队才能有凝聚力。

而且还要注意，要跟新加入团队的新人、中途调过来的员工搭话。在他们担心能不能适应团队而不安的时期，有人和自己打招呼，他们会感到非常高兴的。

对于叛逆期的孩子也同样要坚持打招呼。比起笼统地问"在学校怎么样"，**不如用"看来今天的午饭是油炸食品呀"这样容易回答的话题来搭话吧。**

⚡ 给予积极的回应，聊天就会很顺利

如果你是那种"不知该如何回答的类型"，要意识到，比起说点什么，更应该认真地给对你说话的人一个反馈。

如果看着对方的脸，回答"是这样的"，那么即使不说什么幽默的话，也不会让人觉得不高兴。仅仅因为不善言辞是不会被人讨厌的。但如果不能对对方的言辞、行为给出反馈，那就会令对方不高兴了。

首先试着用"是的"或者"嗯"，愉快地做出应答吧！ 你有可能因为回应了对方的心情，双方互相产生了相通的情绪，从而忽然想到好的话题。

打招呼传递的信息是"你跟我是一伙的"。

技巧

对于不善言辞的人，用有必要的话题来打招呼，就像"这个详细内容我不太清楚，能跟我说说吗"这类的。

秘诀③
对对方多一点兴趣

☺ **别人的话中有很多意想不到的能展开的内容**！

别人的话里充满了让你发出"啊！在那里做了那样的事情""说了那样的话""有那样的事"等始料未及的惊讶的内容。

只有对对方非常感兴趣，深入打听的人才能发现这些内容。为什么这么说呢？因为人们只有在被问到的时候才会想起更多事情。

人们会向对自己感兴趣的人敞开心扉。

听了对方的话，试着问一问**"当时你是怎么想的呢""你怎么说的""怎么了"**。如果干等着对方自然地讲出来，那就听不到有趣的、令你惊讶的故事了。

这里说的就是闲聊的第 3 个秘诀——"对对方多一点兴趣"。

这对于专业的主持人来说也是一件难事儿。例如，最近因橄榄球世锦赛引起热议的选手上电视节目的故事。

他"因为个子矮而且娃娃脸，经常被小学生误以为是同龄人"这件事，已经被各个电视台多次报道过。几乎所有的主持人说到这里就结束了，只有一位喜剧演员出身的主持人进一步问了这个话题。

"那个小学生怎么说的？"

当时这个橄榄球选手回答：

"他说：'你小子在哪儿上学？'"

演播厅里哄堂大笑。我明白了这个主持人为什么人气这么高。

请各位读者牢记：对方还没说完话的时候，一定不要插入自己的话题。这样可能等来一些出乎意料的有趣的内容。

错过了特别的话题，是非常可惜的

这是我跟一些销售员喝酒时发生的事。我打算把当天发生的事儿当作下酒菜，于是讲了一个小故事。

我刚一说"我在车站的站台被一个亚洲人面孔的家庭叫住了，他们问我去看圣诞夜景灯该走哪个出口。应该是中国人吧"，就立刻被其他人把话抢了过去："最近大阪繁华的街头到处都是国外来的旅行者呢！"

其实我后面还有话没说完。我当时说："看霓虹灯从那边那个出口出去就是。"然后我说："霓虹灯是晚上看的呀。"因为当时是中午 1 点。

那些亚洲人也一瞬间愣住了，之后捧腹大笑。虽然有这么好的故事，但是因为他们不善于倾听，我感到厌烦，就没再接着往下说。只有那些对他人持续感兴趣的人，想着"这个人会说什么好的话题呢"，才能遇见特别的话题。

☺ 因为说了"请再跟我说说"，而成功地接到了订单

这是一个给幼儿园供货的销售员的故事。

园长小声嘀咕说："最近的保育员能力越来越差了。"

他是售卖滑梯、幼儿校服的销售员，所以对于保育员的能力是不太懂的。本想置若罔闻，但是好不容易在教室里学了倾听技巧，所以就问了一句：

"园长您说保育员能力越来越差了，这是怎么回事呢？能再跟我说说吗？"

于是，听到了下面这些话。有经验的保育员由于到了退休年龄很多都退休了。年轻的保育员增加了，她们对一边调动孩子的兴趣，一边教平假名和数字还都不擅长。

当时他灵光一现。

"最近公司不是开发出了育儿教育的平板电脑吗？"

他立刻跟园长说了这个事情，结果进展得很顺利，园长给每个保育员订购了一台平板电脑。

人们不可能把心中所想的全部用语言表达出来，藏在深处的多数都是珍贵的东西。如果你能对对方有浓厚的兴趣，那么等着你的将是精彩的故事。

对对方的话，要一边具体想象，一边提问。

技巧

这样你就会对之后可能发生的事情感兴趣。进而会问"能再跟我说说这件事吗"，那么会听到意料之外的精彩故事。

4

秘诀④
不要否定对方的话

与不同年龄层的人说话，请注意这一点

闲聊是件快乐的事情，但有一件事绝对不能做。那就是对还没有建立起信任的人说否定的话。

"你在做什么运动吗？"

"嗯，打一点高尔夫球。"

"高尔夫球不算运动吧？"

像这种感觉的回应，一旦否定了对方喜欢的或者与之相关的东西，那闲聊就到此结束了。与对方的关系也就到此为止了。

再加上，如果因辈分、性别、居住的环境不同的话，即使你没有这种意思，在对方看来也有可能有一种被否定的感觉。

例如，对于三十多岁的人来说，很多时候会认为年轻一代的人很柔弱。

"前辈，讨厌加班的时候，我能拒绝吗？"

"啊？你小子，果然是宽松世代啊！"

被这样一说，有的人会觉得自己被否定了。

"加班基本上是不能拒绝的哟。必须要慢慢理解什么叫社会人呀。"如果是这种深入浅出的说话方式，他们也更容易接受，不是吗？

相反地，年轻一代也会对追不上技术进步的年长一辈予以否定。

"你们这一代，跟朋友联络还是用邮件比较多吧？"

"邮件……吗？在现在这个时代？"

这样的话也难怪对方会反感。

"现在基本上连邮件也不用了，都用更加方便的LINE。就是这个，你看。"像这样直率地教给他，就能继续维持良好的关系了吧！

很少有人会直接使用否定的语言吧，但是多少带点优越感的话语，有时对方听起来会有否定的意味。虽然没必要变得神经质，但我觉得如果能突然停下来回顾一下自己的话，没有坏处。

由于年龄和经验的差异，无意间会说出轻视对方的话。

技巧

由此导致人际关系出现裂痕。
注意自己的情绪，把自己所知道的事情坦率地告诉对方吧！

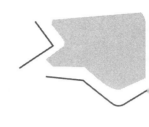

秘诀⑤
包容对方的情绪

闲聊不是评判的场合！

闲聊最大的目的是，把自己各种各样的情绪表达出来，让对方接受。因此我们往往像下面这样不经过深思熟虑就表达自己各种各样的心情。

"昨天我真的跟 3 岁的孩子生气了，一个人躲在房间里。"

"这么长时间还找不到工作，我想是不是该放弃做正式员工了。"

"今年从春天开始，我的工作状态就超好，感觉自己的实力越来越强了。"

在这里讲一个闲聊的重要秘诀。**那就是即使对方表达的心情与你的价值观不符，也别指责，接纳就可以了。**

如果你指责那个跟 3 岁孩子生气的母亲："你怎么像个孩子一样呢？应该考虑一下这对孩子的心理会产生什么影响。"对方就不会再继续表达情感了。

对方被剥夺了表达情绪的自由，你就失去了感受它的机会。也会给她造成很大的压力。

这种时候就应该接纳对方的情绪，说："**即使对方是个孩子，也有真生气的时候呢！**"然后继续深入聊一些之后，她本人应该会意识到："**妈妈跟一个 3 岁孩子生气是不行的。**"

只有这样才是让她释放压力，意识到自己情绪的最好方式。

对一个说想放弃做正式员工的人，与其催促他说"你有什么好气馁的！如果放弃那就完了"，**不如安慰他"落选好几次，有点害怕了吧"**，这种方式反而能令他尽早振作起来。

对感觉工作能力增强的人，不经意间打压说"沾沾自喜地想说全部工作都是你自己独立拿下的吗"，**不如包容一下这种自大，说"哟，真是状态极好呀"。**

我们都一种倾向，喜欢按照自己的价值观和标准来评判，不经意间就会说别人是错的。但是在闲聊的过程中，难道不应该留有余地，允许对方表达各种情绪吗？

闲聊是自由表达情绪的场所。

成熟一点，即使听了对方的话，感觉是"错的"，也能使用接受的话语"你现在是这种心情啊"。

6

秘诀⑥
拓宽敞开心扉的范围

☺ 敞开自我，能交流的人就会多起来

当今，越来越多的人对敞开自我持犹豫态度。如果与他人的联系薄弱，就会过度在意他人对自己的评价，从而难以表达自己了。在这个人与人的距离越来越远的世界里，有人选择不敞开自我的生活方式，也是没有办法的事情。

我们的人生**有两种选择**。

是不谈自己的事，只在限定的小范围内交际，温暖舒适地度过一生呢？还是在明知有风险的前提下，敞开自我，跟许多不同的人进行多种多样的交流，从而度过一生呢？你选择哪种人生呢？

从夫妻间的争执到不受欢迎的学生时代，再到在公司被员工轻视的话题，我觉得能聊的领域相当广泛。

在关西，人们不忌讳关于金钱的话题，所以我多次被问到书的版税问题，我并不抵触。这样的事情没有让我感到困扰，反而对方也变得放得开了，真的是每一天都很愉快。

而且，放得开的人吸引放得开的人。这些人多数是成功人士，在事业上也能给我们带来很棒的创意。与他们交往也很轻松，最重要的是，大家在一起很开心，精神压力也就会烟消云散。

但是，要求广大读者做到这一点是不可能的。所以，我建议你自己先决定一个可以向他人倾诉的范围，并逐渐扩大这个范围。

这里我想请你回忆一下第一章（STEP 1）里讲的"我的轻松话题"。通过讲述那样的小故事，可以向他人传达自己的家庭、工作环境、人际交往，还有最重要的性格等信息。

有位新婚男士说："我媳妇结婚后最大的变化就是内裤的大小。"在场的所有人都笑喷了。

两人交往的时候都是穿可爱的小内裤，结婚后就只穿舒服的宽大内裤这件事，令单身男士很吃惊，已婚男士一个劲儿地点头，女士则笑着说："宽大的内裤又暖和又舒服。"

于是，其他人也说出了类似的趣事，那场聊天就变得非常欢乐。自由是美好的，你越自由，能交流的人的范围也就越广。

你能多大程度地敞开自己呢？首先，先找到放得开的人，看看他们都说些什么，学习学习吧。

快乐的人能把糗事当作话题。

"早晨起不来""减肥屡次失败""刚发现没钱了"……
于是，大家也活跃起来，话就越说越起劲。

秘诀⑦
一定要迈出这一步，小心翼翼地触及他人的隐私

☺ **不要错过对方"OK 的信号"!**

虽然我希望大家的目标是做个放得开的人，但对于触及对方的隐私也会有所犹豫吧。话虽如此，但完全不触及对方的隐私也不会拉近与对方关系。

无论说什么话题，如果不在一定程度上说一些私人的事情，就聊不起来，也没有亲近感。正是因为互相吐露内心，表达情绪，才能心心相印。

这里要讲的就是闲聊的第七个秘诀——一定要迈出这一步，小心翼翼地触及他人的隐私。在这个世界上，有些人是一点隐私都不想被触及。但也有一些人，如果被问到，会把工作上的事情、家里的事情一股脑儿地全说出来。甚至还有一些人特别放得开，24 小时敞开门等着，就连存了多少钱、离婚的原因等都能说，"你问什么都可以"。

区分 24 小时敞开门等着的人并不难，即使不问，他们也会喋喋不休地说自己的事情。深入问他们正在说的话题，都没有问题。

例如，他如果说了"我有时也会跟已经分开的妻子一起吃个饭"非常私人的话题出于礼貌你应该问："那吃饭的时候都聊什么话题呢？""你怎么称呼对方呢？"因为这里给出的信号是"问这个问题可以"，所以他肯定会很高兴地回答你。

难的是如何区分那些不愿意被深入问及私事的人和被问到就会积极回答的人。

这就是"战战兢兢"，"脚踏实地"的方法出场的时候了。**首先，最自然的问话方式就是，先敞开自己，然后问对方相同的问题。**

"我已经连续三年圣诞节都在工作中度过了。好寂寞呀……你有一起过圣诞节的人吗？"

像这样试着问对方一次涉及部分隐私的话题，只问一次是没关系的。

此时如果对方能简单地回答"我已经很久没有男朋友了"，或者"圣诞节要工作，不过上周六出去吃饭了"，就已经是个很放得开的人了。

如果回答得比较含糊，"圣诞节也是工作的吧"，或者"嗯，随便过过"等，那么可以认为这个人不想让人涉足他的私人空间。如果得到的是这种回复，那么接下来就不要再涉及这个话题了，这样也不会引起麻烦。

你应该也有一个舒适的距离感，像这样去了解对方的秉性，选择与自己的距离感相符的人就好了。

　　就像我反复说过的那样，在当今社会上，人与人之间的距离越来越远了，有很多人自己不主动说自己的事情，也不会去问对方。**但是，"如果你先说出你自己的事情，那么我也会说"或者"被问到就会回答"，生活中抱着这种姿态的人还是有很多的。首先，只有由你踏出第一步，才能知道对方能敞开多少心扉。**

　　如果害怕触及对方隐私，最终就无法与任何人心意相通。我认为这样就白在这世上活一回了。

为了了解对方是不是放得开的人，先把自己的隐私拿出来作为话题聊一聊。

接下来问对方相同的问题，可以针对对方说出来的内容，稍微追问一下。
如果跟放得开的人关系交好，能增加获得有益信息的机会，很有好处！

闲聊是表达感受的非常重要的方式，所以请记住不要限制自己，畅所欲言。

"我说这种话，会不会让人觉得我是个怪人啊？""如果只有自己有这种感觉该怎么办？"扔掉这些恐惧吧，你的感受就是你的个性。

"比起晴天我更喜欢雨天""比起寿喜锅里的肉，我更馋烤豆腐""比起大城市我更想在原始森林里生活"，等等，只要不会伤害别人，不会让人产生厌恶情绪，你感受到的、你的喜好都是你的个性。这才是最重要的。

当然也会有合不来的人。但是不能害怕这样的事，亲近你和对你有好感的人自然会出现，被你的个性所吸引的大有人在。

这就是自由，这就是你的魅力，这就是活着的喜悦。拥有了这些，你就会觉得为了不让他人讨厌而活是多么憋屈而愚蠢的行为！

一旦允许自己自由地交谈，那闲聊应该就变成了一件美好又快乐的事情。那么，从今以后你打算如何表达自我呢？

本书毫不吝惜地公布了我最近在学校发现的交流秘诀。

其中之一就是养成使用想象力的习惯。

善于说话的人和善于倾听的人，在自己说话的时候和听对方说话的时候，都会在自己脑海中的屏幕上想象出那个场景。

在说话过程中，就像一边看影像，一边在解说那个故事一样。

所以能够富有感情地说话，能充分传达临场感。也因为一边看影像一边说话，所以说得很流利。

倾听时也一样。把对方的话映到自己的屏幕上，一边感觉自己就好像真的在体验一样，一边听对方说话。

这样才能够给出临场感丰富的"啊——"或者"怎

么会这样"等反馈。因为也充分想象了这番话的前后场景，所以能想出很好的问题。对方一高兴，就聊得起劲了。

如果你感觉自己没有这种想象力也没关系。先掌握一点小技巧，在日常生活中使用吧。

本书介绍的秘诀里，有一些是我公司的讲师梶村操发现的。在我的学校里，站在最前线、最尽力的就是她了。因为她是与不擅长交流的人打交道时间最长的人，所以才会有这么多出色的灵感。她毫不吝惜地让我在我的著作中使用了她的重大发现。在此深深地感谢她有这么宽广的胸怀。

另外，我想对那些向我说出烦恼和困惑的广大学生们致以深深的谢意。正是因为各位，本书的内容才比较充实。

但愿本书能让更多人感受到，聊天是一件幸福和喜悦的事，哪怕是多一个人也好。希望本书能帮助大家轻松愉快地聊天，度过更加充实的每一天。

野口 敏